Bettina Meier, Christoph Bürgi, Peter Schneider, Karl Uhr, Christoph Aerni,
Bernhard Roten, Bernhard Scheidegger

Gesellschaft

Arbeitsheft | Ausgabe B

Bettina Meier, Christoph Bürgi, Peter Schneider, Karl Uhr, Christoph Aerni,
Bernhard Roten, Bernhard Scheidegger, Martin Berger, Roger Portmann
Gesellschaft
Arbeitsheft | Ausgabe B
ISBN digitale Ausgabe: 978-3-0355-2575-5
ISBN Print inkl. digitaler Ausgabe: 978-3-0355-2574-8

Bibliografische Information der Deutschen Nationalbibliothek:
Die Deutsche Nationalbibliothek verzeichnet diese Publikation
in der Deutschen Nationalbibliografie; detaillierte bibliografische
Daten sind im Internet über http://dnb.dnb.de abrufbar.

8. Auflage 2024
Alle Rechte vorbehalten
© 2024 hep Verlag AG, Bern

hep-verlag.ch

Weiterführende Produkte
Arbeitsheft (inkl. digitale Ausgabe)
Arbeitsheft digitale Ausgabe
Handbuch für Lehrpersonen
hepPLUS-App Ausgabe Luzern

Weitere Materialien
www.hep-verlag.ch/gesellschaft-ausgabe-luzern-
print-inkl-elehrmittel-neuauflage
Grafiken aus dem Lehrmittel (PDF)
Grafiken aus dem Lehrmittel (PPT)

 hep PLUS
Laden Sie die App zum Lehrmittel
im App Store herunter

Inhaltsverzeichnis

1 Einstieg ins Berufsleben

   Das weiss ich jetzt! 6
   Aufgaben 13
   Wissen anwenden 22
   Kreuzworträtsel 29
   Lernaufgabe 31

2 Geld und Konsum

   Das weiss ich jetzt! 34
   Aufgaben 41
   Wissen anwenden 51
   Kreuzworträtsel 57
   Lernaufgabe 58

3 Teil A Freizeit – Risiko/Versicherungen

   Das weiss ich jetzt! 60
   Aufgaben 64
   Wissen anwenden 70
   Kreuzworträtsel 73
   Lernaufgabe 74

   Teil B Kultur – Religion/Kunst

   Das weiss ich jetzt! 78
   Wissen anwenden 83

4 Mensch und Wirtschaft

   Das weiss ich jetzt! 88
   Aufgaben 94
   Wissen anwenden 106
   Kreuzworträtsel 111
   Lernaufgabe 112

5 Staat und Politik

   Das weiss ich jetzt! 114
   Aufgaben 121
   Wissen anwenden 131
   Kreuzworträtsel 137
   Lernaufgabe 138

6 Globale Herausforderungen

   Das weiss ich jetzt! 140
   Aufgaben 144
   Wissen anwenden 151
   Kreuzworträtsel 155
   Lernaufgabe 156

7 Partnerschaft und Gesellschaft

   Das weiss ich jetzt! 158
   Aufgaben 163
   Wissen anwenden 168
   Kreuzworträtsel 174
   Lernaufgabe 175

8 Berufliche Zukunft planen

   Das weiss ich jetzt! 178
   Aufgaben 183
   Wissen anwenden 190
   Kreuzworträtsel 196
   Lernaufgabe 197

9 Selbstständig leben

   Das weiss ich jetzt! 200
   Aufgaben 203
   Wissen anwenden 210
   Kreuzworträtsel 213
   Lernaufgabe 214

Kapitel 1
Einstieg ins Berufsleben

Das weiss ich jetzt!	6
Aufgaben	13
Wissen anwenden	22
Kreuzworträtsel	29
Lernaufgabe	31

Das weiss ich jetzt!

1.1 Nennen Sie drei eidgenössische Gesetzeswerke, welche Bestimmungen über die Berufsbildung enthalten.

1.2 Wer organisiert die ÜK?

1.3 Wer ist für die Grundlagen der Berufsbildung zuständig?

1.4 Wer erstellt die Bildungspläne?

1.5 Welche Formvorschrift gilt für den Abschluss eines Lehrvertrages?

1.6 Wer unterschreibt den Lehrvertrag?

1.7 Welche Aufgaben hat das Kantonale Amt für Berufsbildung?

1.8 Zählen Sie vier Punkte auf, die im Lehrvertrag geregelt sein müssen.

1.9 Wozu dient die Probezeit?

1.10 Wie lange dauert die Probezeit?

Kapitel 1 | Einstieg ins Berufsleben

1.11 Ist am Ende der Lehrzeit eine Kündigung nötig?

1.12 Nennen Sie vier Gründe, welche nach Ablauf der Probezeit eine Auflösung des Lehrvertrages rechtfertigen.

1.13 Was ist die gesetzliche Hauptpflicht der Lernenden?

1.14 Was versteht das Gesetz unter Sorgfalts- und Treuepflicht?

1.15 Für welche Schäden haften Lernende?

1.16 Wann können sich Lernende weigern, Überstunden zu leisten?

1.17 Welche Regelung gilt für den 13. Monatslohn?

1.18 Was versteht man unter Gratifikation?

1.19 Welche Lohnabzüge sind gestattet?

1.20 Wie lange dauert die tägliche Arbeitszeit?

1.21 Wie werden Überstunden verrechnet?

1.22 Welche Arbeiten dürfen einem Lernenden nicht übertragen werden?

1.23 Wie viele Wochen Ferien hat eine Lernende jährlich zugute?

1.24 Wer bestimmt den Zeitpunkt der Ferien?

1.25 Wer muss den Lernenden zum Qualifikationsverfahren (QV) anmelden?

1.26 Was kostet den Lernenden das QV?

1.27 Wann und wie oft kann das QV wiederholt werden?

1.28 Welche Angaben stehen in einem Lehrzeugnis?

1.29 Wer trägt die Verantwortung für die Ausbildung der Lernenden?

1.30 Was ist die gesetzliche Hauptpflicht der Ausbildenden?

1.31 Welche Versicherung muss die Berufsbildnerin für die Lernenden abschliessen?

Kapitel 1 | Einstieg ins Berufsleben

1.32 Wie kann ein Konflikt zwischen einer Berufsbildnerin und einem Lernenden gelöst werden?

1.33 Beschreiben Sie drei nützliche Lerntipps.

1.34 Was besagt der Gleichstellungsartikel?

1.35 Wie entsteht ein Vertrag?

1.36 Wer darf einen Vertrag abschliessen?

1.37 Warum ist es empfehlenswert, wichtige Verträge schriftlich abzuschliessen?

1.38 Zählen Sie drei schriftliche Vertragsformen auf.

1.39 Beschreiben Sie die «öffentliche Beurkundung».

1.40 Welche Vertragsinhalte sind nichtig?

1.41 Was ist eine Übervorteilung?

1.42 Worin besteht der Unterschied zwischen einem nichtigen und einem anfechtbaren Vertrag?

1.43 Welche Folgen hat eine Verjährung für den Schuldner bzw. die Schuldnerin?

1.44 Wer ist in der Schweiz rechtsfähig?

1.45 Unter welchen Voraussetzungen ist eine Person handlungsfähig?

1.46 Erläutern Sie die besondere Situation der Jugendlichen in Bezug auf die Handlungsfähigkeit.

1.47 Wann ist eine Person urteilsunfähig?

1.48 Wann erreicht man die religiöse Urteilsfähigkeit?

1.49 Können 17-Jährige heiraten? Erklären Sie.

1.50 Wann genau wird Sandra volljährig, wenn sie am 13. Juni 2007 geboren wurde?

1.51 Erklären Sie den Begriff «deliktsfähig».

1.52 Warum werden im Jugendstrafrecht vor allem erzieherische Massnahmen ergriffen?

1.53 Was bedeutet «Keine Strafe ohne Schuld»?

1.54 Beschreiben Sie den Unterschied zwischen «Antragsdelikt» und «Offizialdelikt» mit Beispielen.

1.55 Unterscheiden Sie die drei Sanktionen im schweizerischen Strafrecht.

1.56 Was wird bei der Strafzumessung berücksichtigt?

1.57 Warum ist die Verwahrung die härteste Massnahme; was sollte deshalb dabei beachtet werden?

1.58 Welche Aufgabe hat die Rechtsordnung?

1.59 Wie wird die Rechtsordnung durchgesetzt?

1.60 Beschreiben Sie je ein praktisches Beispiel aus dem Alltag zu Recht, Sitte und Moral.

1.61 Wo ist festgelegt, worüber es Gesetze gibt?

1.62 Erklären Sie den Begriff «Rechtsgrundsatz».

1.63 In welche zwei Hauptgruppen gliedert sich die schweizerische Rechtsordnung?

1.64 Womit befasst sich das StGB?

1.65 Wie heissen die vier Teile des ZGB?

1.66 Wo finden Sie gesetzliche Vorschriften über Verträge?

Aufgaben

Organisation der Berufsbildung

A1 «Die Lernenden wechseln in sinnvollen Abständen den Lernort.» Setzen Sie die drei Lernorte ein.

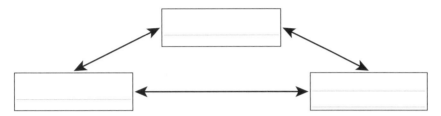

Die gesetzlichen Grundlagen und Vollzugsorgane

A2 Wer ist zuständig für die grundsätzliche Regelung der Berufsbildung?

- ☐ Kanton Solothurn
- ☐ Bund
- ☐ Berufsbildner
- ☐ Berufsverbände

A3 In welchen Gesetzen findet man Bestimmungen über den Lehrvertrag und die Berufsbildung?

- ☐ OR
- ☐ ZGB
- ☐ BBG
- ☐ ArG
- ☐ StGB

Rechtsgrundlagen

A4 Beurteilen Sie, ob es sich bei den folgenden Situationen um ein Recht, eine Sitte oder Moral handelt, und erweitern Sie die Liste mit drei eigenen Beispielen.

Situation	Recht	Sitte	Moral
Theo fährt mit seinem Auto mit 50 km/h durch ein Dorf.	☐	☐	☐
Paul verkleidet sich als Pirat.	☐	☐	☐
Anna öffnet die Post von ihrem Bruder.	☐	☐	☐
Lina unterschreibt ihren Lehrvertrag.	☐	☐	☐
Michael erhält für das gefundene Handy einen Finderlohn.	☐	☐	☐
Nils bietet einer älteren Person seinen Platz im Tram an.	☐	☐	☐
	☒	☐	☐
	☐	☒	☐
	☐	☐	☒

A5 Welches «Recht» bildet für die folgenden Fallbeispiele die gesetzliche Grundlage? Verbinden Sie jedes Fallbeispiel mit der passenden Rechtsgruppe.

Rechtsgruppe	Fallbeispiel
Öffentliches Recht	Sie kaufen eine Zeitschrift.
	Sie müssen Ihre Steuererklärung ausfüllen.
	Sie entwenden Ihrer Mutter Fr. 100.–.
	Sie ziehen in eine eigene Wohnung.
	Sie bezahlen Ihre Rechnung beim Versandhandel nicht.
Privates Recht	Sie fahren unter Alkoholeinfluss Fahrrad.
	Sie leihen Ihrem Freund Fr. 50.– aus.

A6 Ergänzen Sie die Tabelle zum Zivil- und Strafprozess mit den richtigen Begriffen.

	Wer gegen wen?	Urteil
Zivilprozess		
Strafprozess		

A7 Kreuzen Sie an, ob folgende Aussagen zum Zivil- und Strafprozess richtig oder falsch sind. Korrigieren Sie die falschen Aussagen.

Aussage	richtig	falsch	Korrektur
Im Zivilprozess heissen die Parteien Kläger und Angeklagter.	☐	☐	
Der Kläger im Zivilprozess heisst Staatsanwalt.	☐	☐	
Im Straffall wird entschieden, wer im Recht/Unrecht ist.	☐	☐	
Ein Streit zwischen zwei Parteien wird in einem Zivilprozess geregelt.	☐	☐	
Ein Strafprozess findet vor einem Zivilgericht statt.	☐	☐	
Das ZGB und das OR sind mögliche Rechtsgrundlagen bei einem Zivilprozess.	☐	☐	
Die Parteien in einem Strafprozess heissen Kläger und Beklagter.	☐	☐	
Ein Zivilprozess hat strafbare Handlungen gegen das StGB zum Gegenstand.	☐	☐	

Strafrecht

A8 Entscheiden Sie, ob die Aussagen zum Strafrecht richtig oder falsch sind.

Aussage	richtig	falsch
Bei einem Offizialdelikt muss man zuerst eine Anzeige machen.	☐	☐
Das schweizerische Strafrecht kennt die gemeinnützige Arbeit als Strafform.	☐	☐
Bei einer Verwahrung wird man erst nach 20 Jahren wieder freigelassen.	☐	☐
Das spezielle Jugendstrafrecht gilt bis zu einem Alter von 16 Jahren.	☐	☐

Personenrecht

A9 Kreuzen Sie alle für die Handlung zutreffenden Fähigkeiten an.

Handlung	rechtsfähig	urteilsfähig	handlungsunfähig	handlungsfähig
Antonio, 24 Jahre, kauft einen Porsche.	☐	☐	☐	☐
Mia, 5 Jahre, entfacht beim Spielen mit Streichhölzern einen Brand.	☐	☐	☐	☐
Tim, 16 Jahre, unterschreibt seinen Lehrvertrag.	☐	☐	☐	☐
Bea, 20 Jahre, ist erheblich alkoholisiert.	☐	☐	☐	☐
Kim und Andrea heiraten.	☐	☐	☐	☐
Laura, 17 Jahre, kauft ein Smartphone.	☐	☐	☐	☐
Nick, 35 Jahre, unterschreibt einen Mietvertrag.	☐	☐	☐	☐

Vertragsrecht

A10 Entscheiden Sie, welches Vertragsbeispiel welche Formvorschrift verlangt. «Googeln» Sie jene Vertragsbeispiele, die Sie nicht genau kennen.

Vertragsbeispiel	Formloser Vertrag	Schriftlicher Vertrag	Qualifizierte Schriftlichkeit	Öffentliche Beurkundung	Vorgeschriebenes Formular
Lehrvertrag	☐	☐	☐	☐	☐
Einzelarbeitsvertrag	☐	☐	☐	☐	☐
Roller-Kauf	☐	☐	☐	☐	☐
Auto-Leasing	☐	☐	☐	☐	☐
Mietvertrag	☐	☐	☐	☐	☐
Mietzinserhöhung	☐	☐	☐	☐	☐
Erbvertrag	☐	☐	☐	☐	☐

Vertragsbeispiel	Formloser Vertrag	Schriftlicher Vertrag	Qualifizierte Schriftlichkeit	Öffentliche Beurkundung	Vorgeschriebenes Formular
Handschriftliches Testament	☐	☐	☐	☐	☐

A11 Ordnen Sie den Beispielen den richtigen Ausdruck zu.
A = Nichtiger Vertrag, B = Anfechtbarer Vertrag

_____ Absichtliche Täuschung

_____ Wesentlicher Irrtum

_____ Widerrechtlicher Vertragsinhalt

_____ Übervorteilung

Lehrvertrag

A12 Nehmen Sie Ihren Lehrvertrag und jenen einer/eines Mitlernenden zur Hand.
a) Füllen Sie die folgende Tabelle mithilfe Ihres Lehrvertrags aus.
b) Vergleichen Sie Ihre Angaben mit den Angaben einer/eines Mitlernenden. Gibt es Gemeinsamkeiten und/oder Unterschiede?
c) Was sagt das Gesetz zu den einzelnen Bereichen? Lesen Sie im Gesetz nach und fassen Sie die wichtigsten Punkte zusammen.

		a) Eigener Lehrvertrag	b) Anderer Lehrvertrag	c) Gesetz
Lohn	1. Lehrjahr			
	2. Lehrjahr			
	3. Lehrjahr			
	4. Lehrjahr			
Probezeit				
Ferien				
Arbeitszeit				

	a) Eigener Lehrvertrag	b) Anderer Lehrvertrag	c) Gesetz
Wer hat den Lehrvertrag unterschrieben?			

A13 Halten Sie fest, welche Pflicht in den folgenden Beispielen verletzt wurde. Geben Sie zudem das entsprechende Gesetz und den Artikel an.

Beispiel	Pflicht	Gesetz/Artikel
Kevin, 17 Jahre, will heute keine Überstunden machen, weil er schon mit seinen Kollegen abgemacht hat.		
Sabrina verrät ihrer besten Freundin, nach welchem Rezept sie im Geschäft die Teemischung herstellen, die sich so gut verkaufen lässt.		
Tom ist im Betrieb nicht bei der Sache und hat viele Absenzen. Er spielt lieber auf seiner Playstation.		
Selin wirft verärgert das Werkzeug weg. Nun funktioniert es erst recht nicht mehr.		
Simon fehlt wiederholt in der Berufsfachschule. Im Betrieb weiss niemand etwas von seinen Absenzen.		

A14 Welche Aussagen zum Lehrvertrag sind richtig, welche falsch?

Aussage	richtig	falsch
Der Lehrvertrag kann mündlich oder schriftlich abgeschlossen werden.	☐	☐
Der Lehrvertrag trägt nur die Unterschriften der Berufsbildnerin und des Lernenden.	☐	☐
Das Staatssekretariat für Bildung, Forschung und Innovation (SBFI) überprüft Lehrverträge und überwacht Lehrverhältnisse.	☐	☐
Während der Probezeit kann das Lehrverhältnis jederzeit mit einer Kündigungsfrist von 30 Tagen gekündigt werden.	☐	☐

A15 Kreuzen Sie an, ob folgende Aussagen zur Ferienregelung richtig oder falsch sind. Korrigieren Sie die falschen Aussagen.

Aussage	richtig	falsch	Korrektur
Lernende bis zum vollendeten 20. Altersjahr haben pro Lehrjahr einen gesetzlichen Anspruch von wenigstens fünf Wochen Ferien.	☐	☐	
Die Lernende nimmt als Leiterin an einem J+S-Kurs «Snowboarden» teil; dafür erhält sie keinen unbezahlten Urlaub, sondern muss eine Woche Ferien opfern.	☐	☐	
Der Lernende hat einen gesetzlichen Anspruch darauf, dass ihm alle Ferienwochen zusammenhängend gewährt werden.	☐	☐	
Nehmen Lernende während der Schulzeit Ferien, müssen sie die Berufsfachschule nicht besuchen.	☐	☐	

A16 Welche Aussagen zu Lohn, Arbeitszeit und Überstunden sind richtig, welche falsch?

Aussage	richtig	falsch
Das OR schreibt Mindestlöhne für Lernende vor.	☐	☐
Die tägliche Arbeitszeit der Lernenden darf neun Stunden nicht überschreiten.	☐	☐
Die Lernende kann grundsätzlich zu Überstunden verpflichtet werden.	☐	☐
Akkordarbeiten gehören zur Grundbildung einer Lernenden.	☐	☐
Für die Zeit in der Berufsfachschule hat der Lernende Anspruch auf volle Lohnzahlung.	☐	☐

A17 Welche Aussagen zu den Lernenden sind richtig, welche falsch?

Aussage	richtig	falsch
Der Lernende muss vom Lehrbetrieb gegen Unfall versichert werden.	☐	☐
Die Lernende haftet für Schäden, die sie im Lehrbetrieb absichtlich oder fahrlässig verursacht hat.	☐	☐
Der Lernende hat Anrecht darauf, dass er ausschliesslich vom Berufsbildner ausgebildet wird.	☐	☐
Die Lernende muss alle berufsrelevanten Arbeiten, die ihr übertragen werden, erledigen.	☐	☐

A18 Welche Aussagen zu den Berufsbildenden sind richtig, welche falsch? Notieren Sie zu jeder Antwort das entsprechende Gesetz und den Artikel.

Aussage	richtig	falsch	Gesetz/Artikel
Der Berufsbildner kann von sich aus die Probezeit auf sechs Monate verlängern, wenn er dies für nötig hält.	☐	☐	
Die Berufsbildnerin kann dem Lernenden bei ungenügenden Leistungen im Lehrbetrieb den Berufsschulbesuch für eine gewisse Zeit untersagen.	☐	☐	
Der Berufsbildner hat den Lernenden am Ende der Lehrzeit ein Lehrzeugnis auszustellen, das über die erlernte Berufstätigkeit Auskunft gibt.	☐	☐	

A19 Ordnen Sie die aufgeführten Angaben den richtigen Rechtsquellen zu.

Angaben	OR	ArG	BBG	Lehrvertrag
Höhe des Lohnes für Lernende	☐	☐	☐	☐
Inhalt des Lehrvertrags	☐	☐	☐	☐
Gesundheitliche Bestimmungen am Arbeitsplatz	☐	☐	☐	☐
Lehrzeugnis nach Beendigung der Lehre	☐	☐	☐	☐
Bildungsauftrag der Berufsfachschulen	☐	☐	☐	☐

A20 Welche Regelung gilt für die Beendigung eines Lehrvertrags?

☐ Es gelten die Kündigungsfristen des Einzelarbeitsvertrags.
☐ Er wird beendet, sobald die Lehrabschlussprüfung bestanden ist.
☐ Die Kündigung ist je nach Beruf verschieden.
☐ Er bedarf keiner Kündigung, denn er ist zeitlich befristet.

A21 Beschreiben Sie mit Stichworten a) wie die Lernende und b) wie der Berufsbildner den Lehrabbruch vielleicht hätte verhindern können.

«Die 17-jährige Lehrtochter hat nach nur vier Monaten ihre Lehre als Fotofachangestellte abgebrochen. ‹Ich hatte das Gefühl, ich müsste die ganze Arbeit allein erledigen und würde für alles verantwortlich gemacht.› Die Arbeit widerstrebte ihr immer mehr. Sie litt darunter und war oft krank. Zudem hatte sie Angst, ihren Job zu verlieren. Gespräche mit dem Chef nützten nichts; er schien ihre Probleme nicht ernst zu nehmen. Schliesslich rang sie sich zum Entschluss durch, die Lehre zu beenden.» (*Quelle: Beobachter 13/02*)

a)

b)

Wissen anwenden

Hinweis: Die Antworten zu den Fragen, die mit einem Ja oder Nein beantwortet werden können, müssen Sie begründen.

W1 Esther sucht schon seit längerer Zeit erfolglos eine Lehrstelle als Floristin. Beim Bowlingspielen wird ihr Vater mit dem Wirt des Betriebes per Handschlag einig, dass Esther bei ihm eine berufliche Grundbildung als Restaurationsfachfrau machen wird.
Wie kann sich Esther gegen diesen Entscheid zur Wehr setzen?

W2 Andrea versteht die Welt nicht mehr. Seit zwei Jahren ist sie in der beruflichen Grundbildung als Chemielaborantin. Heute haben ihre Eltern und sie vom Lehrbetrieb die Mitteilung erhalten, dass auf Beginn des neuen Lehrjahres der Lehrvertrag aufgelöst wird: Infolge fehlender Aufträge muss der Betrieb geschlossen werden.
Was heisst das für Andrea?

W3 Reto wird beim Stehlen eines Werkzeuges ertappt. Da in letzter Zeit verschiedentlich Material verschwunden ist, wird Reto nun von allen Mitarbeitenden verdächtigt. Die Berufsbildnerin zitiert Reto ins Büro und entlässt ihn fristlos.
Wie beurteilen Sie die Rechtslage?

W4 Letzte Woche konnte Kathrin den Berufsfachschulunterricht nicht besuchen, weil sie für dringende Arbeiten im Betrieb gebraucht wurde.
Ist der Berufsbildner berechtigt, Kathrin vom Besuch des Unterrichts abzuhalten?

Kapitel 1 | Einstieg ins Berufsleben

W5 Kurz vor Feierabend verlangt die Lehrmeisterin von Stefan, dass er wegen dringender Arbeiten noch eine Stunde länger im Lehrbetrieb bleiben muss.
Kann Stefan sich weigern?

W6 Pascal weigert sich, die Werkstatt aufzuräumen. Er begründet seine Haltung mit der Erklärung, dass er nicht zum Putzen, sondern zum Lernen da sei und der Chef gefälligst eine Putzfrau anstellen solle.
Wie beurteilen Sie diese Situation?

W7 Markus, Lernender im ersten Lehrjahr, hat grosse Freude an seinem Beruf. Seine Schulleistungen sind nicht überragend, aber genügend. Einiges läuft aber seiner Meinung nach schief im Lehrbetrieb. Er muss nämlich oft Überstunden leisten, ohne dass er dafür eine Entschädigung bekommt. Zudem muss er jeweils am Freitagabend den Lieferwagen der Firma waschen. Ein weiteres Problem ist, dass der Berufsbildner wenig Geduld hat. Er findet, Markus arbeite zu wenig selbstständig und zu langsam.
Was raten Sie Markus?

W8 Die 18-jährige Barbara bespricht mit ihrem Berufsbildner den Ferienplan für das kommende Lehrjahr. Im September, Oktober, Februar und März wird sie je eine Woche Ferien erhalten.
Nehmen Sie zu diesem Ferienplan Stellung.

W9 Wegen eines Kreuzbandrisses kann Roland zwei Monate nicht im Lehrbetrieb arbeiten. Als Roland wieder zur Arbeit erscheint, macht der Berufsbildner ihn darauf aufmerksam, dass er die versäumte Arbeitszeit nach Lehrabschluss nachholen müsse.
Was meinen Sie dazu?

W10 Nachdem Roland wieder einige Tage gearbeitet hat, gibt ihm der Berufsbildner zu verstehen, dass er ihm wegen der zweimonatigen Abwesenheit selbstverständlich auch die Ferien kürzen werde.
Muss Roland das akzeptieren?

W11 Thomas lernt Bäcker im ersten Lehrjahr. Gestern ist ihm etwas Dummes passiert. Beim Flirten mit seiner Arbeitskollegin liess er einen ganzen Ofen voll Brötchen anbrennen. Die Ware musste weggeworfen werden. Der Lehrmeister fordert nun Schadenersatz von ihm.
Wie sieht die Rechtslage aus?

W12 Adriana macht eine Kochlehre in einem renommierten Hotel. Während der ersten Monate muss sie tagelang die gleichen Arbeiten verrichten: Gemüse rüsten, Küche putzen usw. Zudem arbeitet sie oft länger als 50 Stunden pro Woche. Am Samstag wird sie jeweils bis um 3 Uhr an der Snackbar im Nachtclub eingesetzt. Als sich Adrianas Eltern beim Berufsbildner darüber beschweren, antwortet er ihnen, die lange Arbeitszeit sei während der Sommersaison normal und die Arbeit im Nachtclub eine schöne Abwechslung.
Was kann Adriana tun?

W13 Sven hat eine Anfrage erhalten, ob er Lust hätte, in einem Jugendlager Snowboardunterricht zu erteilen. Er ist von dieser Anfrage begeistert und sagt zu.
Helfen Sie Sven.

W14 Beate hat grosse Mühe in der Berufsfachschule. Ihr Zeugnis ist ungenügend. Im Betrieb kommt sie aber ganz gut mit. Trotzdem ist es fraglich, ob sie das Qualifikationsverfahren bestehen wird.
Welche Möglichkeiten hat Beate?

W15 Zurzeit herrschen im Lehrbetrieb von Kevin prekäre Verhältnisse. Wegen Unfall und Kündigungen fehlen in der Küche drei Angestellte. Die Berufsbildnerin schlägt Kevin vor, dass er gegen Bezahlung auf seine fünfte Ferienwoche verzichten soll.
Wie sieht die rechtliche Situation aus?

Kapitel 1 | Einstieg ins Berufsleben

W16 Die Lerntheorie sagt, dass ich mehr Wissen behalten kann, wenn ich viermal eine Stunde an verschiedenen Tagen lerne, als wenn ich einmal vier Stunden am Stück lerne.
Begründen Sie, wieso diese Aussage stimmt.

W17 Frauen entscheiden sich häufig für andere Berufe als Männer.
Was könnte diesen Entscheid beeinflussen?

W18 Die Gleichstellung von Mann und Frau ist heute in der Bundesverfassung verankert.
Ist die in Artikel 8 geforderte Gleichstellung erreicht?

W19 Beat hat endlich das nötige Geld beisammen, um sich einen Occasionswagen zu kaufen. Eine Autohändlerin verkauft dem unerfahrenen Beat einen rostigen Occasionswagen für Fr. 8000.–. Nach einigen Wochen merkt Beat, dass er mit diesem Auto einen Missgriff getätigt hat.
Was kann er tun?

W20 Der 17-jährige Lernende Beat hat den Wunsch, selbstständig zu werden und sich ein eigenes Zimmer auswärts zu mieten. Er meldet sich auf ein Inserat bei einem Vermieter.
Kann hier ein Mietvertrag zustande kommen?

W21 Der 9-jährige Peter ist ohne Einwilligung der Eltern auf Shoppingtour. Er kauft einen Streaminggutschein und eine Micro-Hi-Fi-Anlage für Fr. 280.–. Die Eltern sind mit dem Kauf des teuren Gerätes nicht einverstanden und verlangen deshalb vom Verkäufer, dass er es zurücknimmt und das Geld zurückerstattet.
Muss der Verkäufer diesem Wunsch Folge leisten?

W22 Sandra will sich endlich den Traum von Freiheit und Abenteuer erfüllen. Bei einem Motorradhändler kauft sie sich einen neuen Töff zum Preis von Fr. 15 000.–.
Welche Vertragsform kommt bei diesem Kauf zur Anwendung?

W23 Wegen einer neuen Anstellung ist Frau Meier gezwungen, ihre Eigentumswohnung zu verkaufen.
Welcher Vertragsformen bedarf dieser Verkauf?

W24 Entscheiden Sie, ob die folgenden Fälle rechtlich zulässig sind, und begründen Sie Ihren Entscheid (urteilsfähig, urteilsunfähig, volljährig, minderjährig, handlungsfähig).

a) Herr Berger ist 30-jährig und von Beruf Drogist. Vor Jahren hat er sich bei einem Unfall schwere Verletzungen zugezogen, seither ist er invalid. Nun hat er im Sinn, sich selbstständig zu machen und eine eigene Drogerie zu eröffnen.

b) Sandra, 19-jährig, besucht eine Mittelschule. Sie beschliesst, die Schule aufzugeben und eine berufliche Grundbildung als Floristin zu beginnen.

c) Die 17-jährige Fabienne kauft sich mit ihrem verdienten und ersparten Geld einen Laptop. Ihr Vater ist mit diesem Entscheid nicht einverstanden und fordert Fabienne auf, diesen Kauf rückgängig zu machen.

W25 Eine ältere, urteilsfähige Dame schreibt in ihrem Testament: «Mein Einfamilienhaus soll meine Katze Tiger erben.»
Kann eine Katze als Erbin eingesetzt werden?

W26 Ramona, eine 17-jährige Katholikin, will einen 23-jährigen Muslim heiraten und anschliessend mit ihm nach Marokko ziehen.
Ist sie zu diesen Handlungen berechtigt?

W27 Ein Nachtwandler stösst auf seinem nächtlichen Gang eine brennende Kerze um. Dadurch entsteht ein Brand. Der Hauseigentümer verklagt den Nachtwandler und verlangt die Bezahlung des Schadens. Muss der Nachtwandler für den Schaden aufkommen?

W28 Der 12-jährige Fabian überredet an seinem schulfreien Nachmittag den 5-jährigen Hugo, mit ihm zusammen von einer Autobahnbrücke Steine auf die vorbeifahrenden Fahrzeuge zu werfen. Dabei beschädigen die beiden ein Fahrzeug.
Können die beiden Knaben zur Verantwortung gezogen werden?

W29 Der begüterte Architekt Walter Arnold wird wegen Fahrens in angetrunkenem Zustand mit Fr. 8000.– gebüsst. Für das gleiche Vergehen erhält der Coiffeur Hans Huber eine Busse von Fr. 2000.–.
Ist das gerecht?

Kreuzworträtsel

Einstieg ins Berufsleben

X1

Verwenden Sie die Umlaute Ä, Ö und Ü.

Waagrecht
2. Diese Pflicht beinhaltet das Verbot von Schwarzarbeit
4. Ausbildungsort für die praktische Bildung
5. Abkürzung für Bildungsverordnung
9. Darin ist der Arbeitnehmerschutz geregelt
10. Das Lehrverhältnis beginnt damit
11. Gibt auch Auskunft über meine Leistungen und mein Verhalten
12. Die Höhe ist im Lehrvertrag festgelegt
13. Wenn diese gut ist, lerne ich besser
14. Muss ich leisten, wenn sie notwendig und zumutbar sind
15. Mann und Frau sind das (BV 8)

Senkrecht
1. Wenn man nur aufgrund des Geschlechts weniger Lohn erhält (Nomen)
3. Wichtigste Grundlage des Lehrverhältnisses
6. Diebstahl kann dazu führen (2 Worte)
7. Sind Vertragspartner der Berufsbildenden
8. Dürfen nicht durch Geldleistungen abgegolten werden

Rechtsgrundlagen

X2

Verwenden Sie die Umlaute Ä, Ö und Ü.

Waagrecht
2. Der Staat geht von sich aus gegen die Täterschaft vor
4. Hat man, wenn man urteilsfähig und volljährig ist
9. Wer andere übers Ohr haut, verstösst gegen ... (3 Worte)
10. Eine innere Einstellung, Haltung
11. Regeln für das äussere Verhalten von Menschen
12. Teil des Zivilgesetzbuches
13. Regelt die Rechtsbeziehung zwischen dem Staat und dem Bürger (2 Worte)

Senkrecht
1. Fähigkeit, vernunftmässig zu handeln
3. Alle Menschen sind vor dem Gesetz gleich, d. h., es besteht ...
5. Legt der Richter oder das Strafgesetz fest
6. Regeln das Zusammenleben von Menschen in geordneten Bahnen
7. Gilt für Jugendliche zwischen 10 und 18 Jahren
8. Juristische Person

Lernaufgabe

Sicht der Ausbildner

L1 Ausgangslage
Die Sicht Ihrer Ausbildnerin oder Ihres Ausbilders zum Thema Lehrbeginn und Ausbildung ist interessant. Schliesslich hat sie oder er nicht bloss Erfahrungen mit der Begleitung von Lernenden und möglichen Konflikten, sondern war selbst einmal Lernende oder Lernender und kennt Ihre Situation.

Lernziele
Sie können ein Gespräch mit der Ausbildnerin oder dem Ausbildner führen.

Auftrag
Führen Sie mit Ihrer Ausbildnerin oder Ihrem Ausbilder ein Gespräch zu wichtigen Themen in Bezug auf den Einstieg in die Lehre, die Lehre im Allgemeinen und die Arbeit als Ausbildnerin oder Ausbildner.

Produkt
Ergebnisse stichwortartig festhalten, Resultat der Klasse in einer Kurzpräsentation vorstellen.

Vorgehen
1. Sie arbeiten allein.
2. Lesen Sie die Lernaufgabe genau durch und klären Sie Fragen mit der Lehrperson.
3. Halten Sie die Antworten schriftlich fest.
4. Stellen Sie der Klasse Ihre Resultate vor.

Arbeitsaufträge
1. Sie befragen Ihre Ausbildnerin oder Ihren Ausbilder zu den Themen Lernen, Arbeiten und Lehren. Überlegen Sie sich geeignete Fragen zu den jeweiligen Themen. Halten Sie Ihre Fragen schriftlich fest.
2. Arrangieren Sie ein persönliches Gespräch mit Ihrem Ausbilder und stellen Sie Ihre Fragen. Machen Sie sich dabei stichwortartige Notizen oder nehmen Sie das Gespräch mit Ihrem Smartphone auf.
3. Ordnen Sie die Notizen und stellen Sie der Klasse Ihre Ergebnisse zu den drei Themen kurz vor.

Kapitel 2
Geld und Konsum

Das weiss ich jetzt!	34
Aufgaben	41
Wissen anwenden	51
Kreuzworträtsel	57
Lernaufgabe	58

Das weiss ich jetzt!

2.1 Erklären Sie den Unterschied zwischen Brutto- und Nettolohn.

2.2 Welche Abzüge können vom Bruttolohn gemacht werden?

2.3 Was darf den Lernenden nicht vom Lohn abgezogen werden?

2.4 Einer Ihrer Kollegen ist überschuldet und bittet Sie um Hilfe. Zeigen Sie ihm auf, welche Schritte in dieser Situation angezeigt sind.

2.5 Beschreiben Sie den Unterschied zwischen fixen und variablen Kosten in einem Budget.

2.6 Wer muss zwingend ein Kassabuch/eine Buchhaltung führen?

2.7 Wer prüft, ob der Vereinskassier korrekt Buch geführt hat?

2.8 In welcher Situation ist es sinnvoll, ein Kassabuch zu führen?

2.9 Was versteht man unter einer Bilanz?

2.10 Beschreiben Sie, was in einer Bilanz auf der Aktiv- respektive Passivseite aufgeführt wird.

2.11 Beschreiben Sie den Unterschied zwischen der Schweizerischen Nationalbank (SNB) und den Geschäftsbanken.

2.12 Beschreiben Sie mit Beispielen die Haupttätigkeit(en) der Banken.

2.13 Erklären Sie die Zusammenhänge zwischen Rendite – Risiko – Verfügbarkeit.

2.14 a) Was sagt die Zinshöhe über die Verfügbarkeit aus?

b) Welches Konto – Lohn- oder Anlagesparkonto – hat den höheren Zins bzw. die höhere Verfügbarkeit?

2.15 Welches sind die wichtigsten Unterschiede zwischen einer Aktie und einer Obligation (Eigentümer, Rechte, Ertrag, Risiko)?

2.16 Neben den «handfesten» bargeldlosen Zahlungsmitteln wie Karten und Schecks gibt es noch andere Möglichkeiten, Zahlungen bargeldlos abzuwickeln. Nennen und beschreiben Sie zwei.

2.17 Beschreiben Sie den Unterschied zwischen der Debit- und Kreditkarte in der Funktionsweise.

2.18 Welches sind die Vor- und Nachteile von Kreditkarten?

2.19 Beschreiben Sie anhand des Beispiels Kreditkarte die Hauptproblematik der bargeldlosen Zahlungsmittel.

2.20 Welches sind die Vor- und Nachteile einer Travel-Prepaid-Karte im Vergleich mit einer Kreditkarte?

2.21 Warum ist das Bezahlen beim Online-Kauf mit PayPal sicherer als mit einer Kreditkarte?

2.22 Was ist Twint und wie funktioniert Twint?

2.23 Welchen Vorteil bietet Twint gegenüber Debit- oder Kreditkarten?

2.24 Warum sind Preisangaben in Katalogen keine gültigen Offerten?

2.25 Nennen Sie zwei gültige Offertenarten.

Kapitel 2 | Geld und Konsum

2.26 Welche Bedeutung hat der «wesentliche Irrtum» für den Verkäufer?

2.27 Welche Regelungen gelten bei unbestellter Ware?

2.28 Welche Bedeutung hat die Bestellung beim Kaufvertrag?

2.29 Was ist der erste korrekte Schritt bei einem Lieferungsverzug (Mahnkauf)?

2.30 Welche Folgen hat der Lieferungsverzug beim Fixkauf für die Vertragspartner?

2.31 Welche drei Pflichten hat die Käuferin, wenn sie den Verkäufer wegen mangelhafter Lieferung haftbar machen will?

2.32 Was kann der Käufer mithilfe einer Mängelrüge verlangen?

2.33 Welches ist das korrekte Vorgehen bei einem Zahlungsverzug?

2.34 Wer muss auf Verlangen eine Quittung ausstellen?

2.35 Warum wird der Geldbetrag in Zahlen und Buchstaben aufgeführt?

2.36 Wie lange sollten Sie wichtige Zahlungen mit Quittungen belegen können?

2.37 Warum lohnt es sich, Quittungen teurer Anschaffungen «lebenslang» aufzubewahren?

2.38 Welche Bedingungen müssen erfüllt sein, damit ich einen Haustürkauf rückgängig machen kann?

2.39 Bei welchen Anlässen gilt nach OR kein Rücktrittsrecht?

2.40 Mit welcher Massnahme kann ich – wenn nötig – beweisen, dass ich das Rücktrittsschreiben rechtzeitig verschickt habe?

2.41 Wer kann betrieben werden?

2.42 Welche drei Arten der Betreibung gibt es?

2.43 Wer muss die Betreibungskosten vorschiessen?

2.44 Was wären in Ihrem Fall Kompetenzstücke?

2.45 Wie können Sie eine Betreibung gegen sich stoppen?

2.46 Warum heisst es, dass der Barkauf meistens die günstigste Art ist, etwas zu erwerben?

2.47 Was ist der Unterschied zwischen einem Barkauf und einem gewöhnlichen Kreditkauf?

2.48 Sind Angebote im Internet verbindliche oder unverbindliche Offerten?

2.49 Wer haftet beim Internetkauf für Schäden, welche beim Versand entstehen?

2.50 Wie kann man sich «absichern», wenn man etwas im Internet gekauft hat?

Kapitel 2 | Geld und Konsum

2.51 Beim Kauf von Waren mit Konsumkreditvertrag hat die Verkäuferin das Recht, einen Eigentumsvorbehalt zu machen.

a) Warum ist dem so?

b) Welche Folgen hat ein Eigentumsvorbehalt für den Käufer?

c) Was geschieht, wenn ein Käufer seine Raten nicht mehr bezahlen kann?

d) Wo muss die Verkäuferin den Eigentumsvorbehalt geltend machen?

2.52 Verkäuferinnen von Waren müssen nach KKG die Kreditfähigkeit der Käufer überprüfen. Welche Regelung gilt in diesem Zusammenhang?

2.53 Warum sind Kleindarlehen so teuer?

2.54 Welche Kosten deckt eine normale Leasinggebühr ab (z. B. beim Autoleasing)?

2.55 a) Welche obligatorischen Kosten fallen beim Autoleasing zusätzlich an?

b) Welche weiteren Kosten muss man auch einkalulieren?

2.56 Warum kann eine vorzeitige Auflösung des Leasingvertrages zu beträchtlichen Nachzahlungen führen?

2.57 Beschreiben Sie anhand von Beispielen ökologische und ethische Kriterien beim Kaufen.

2.58 Was will man mit dem fairen Handel erreichen?

2.59 Was ist mit «Ökobilanz» gemeint?

2.60 a) Womit kann die persönliche Ökobilanz gemessen werden?

b) Was bedeutet der Begriff?

2.61 Worauf achtet man beim ökologischen Einkaufen?

2.62 Nennen Sie zwei ethische Kaufkriterien.

2.63 Wozu dienen Ökolabels?

2.64 Was ist der Unterschied zwischen «fair trade» und herkömmlichem Handel?

2.65 Wofür setzt sich die Stiftung für Konsumentenschutz ein?

2.66 Warum brauchen wir eine amtliche Preisüberwachung?

2.67 Was versteht man unter der Ökobilanz eines Produkts?

Aufgaben

Geld

A1 Setzen Sie die folgenden Lohnbestandteile am richtigen Ort ein und setzen Sie davor ein «+» für einen Zuschlag oder ein «−» für einen Abzug:
Spesenentschädigung, Lohnzuschläge, NBU-Prämie, Naturallohn, Sozialzulagen, 13. Monatslohn, AHV-, IV-, EO-, ALV-Prämien, Gratifikation, Kost und Logis

Vereinbarter Lohn

_____

_____

_____

= Bruttolohn (AHV-pflichtiger Lohn)

_____

_____

= Nettolohn

_____

= ausbezahlter Lohn

A2 Nennen Sie drei Kostenfaktoren, die Ihnen nicht vom Lohn abgezogen werden dürfen.

A3 Wann werden Ihnen von Ihrem Lohn Sozialversicherungsbeiträge (AHV, IV, EO, ALV) abgezogen?

☐ Mit der Volljährigkeit.
☐ Am 1. Januar nachdem ich volljährig wurde.
☐ Sobald ich eigenes Geld verdiene.
☐ Ab dem 1. Januar des Jahres, in welchem ich 18 Jahre alt werde.

A4 Setzen Sie im folgenden Text die zutreffenden Begriffe in die Lücken.
Budget (2x), Ausgaben (2x), Geldmittel, Einnahmen, Kontrolle, Schuldenspirale, Monat, Lebensstil

Um sich einen Überblick über die _____ und _____ zu verschaffen, erstellt man am besten ein _____, das einem hilft, seine _____ gezielt einzusetzen. Ohne _____ ist ein Budget nutzlos. Deshalb müssen die _____ kontrolliert und Ende _____ mit dem _____ verglichen werden. Falls nötig, muss man seinen _____ ändern, um nicht in die _____ zu geraten.

A5   Entscheiden Sie, ob die folgenden Ausgabenposten «fix» oder «variabel» sind.

Ausgabenposten	Fixe Kosten	Variable Kosten
Fahrkosten z. B. mit dem Roller	☐	☐
Handy-Monatsabonnement	☐	☐
Mietzins	☐	☐
Radio-/TV-Gebühren	☐	☐
Handy-Prepaid-Karte	☐	☐
Versicherungsprämien	☐	☐
Ausgang	☐	☐
Vereinsmitgliedschaft	☐	☐
Auswärtige Verpflegung	☐	☐
ÖV-Abo für Schulweg	☐	☐

A6   Die Bilanz zeigt am Ende eines Geschäftsjahres die finanzielle Lage eines Unternehmens oder eines Vereins. Füllen Sie die Lücken mit den passenden Begriffen.

Aktiven	Passiven
_____seite	_____seite
Investierung =	Finanzierung =
Geldkapital:	Fremdkapital:
Sachkapital:	Eigenkapital:
Total: «XY-Betrag» in Franken	Total: «XY-Betrag» in Franken
Eine Bilanz muss immer im _____ gleich gross sein müssen.	sein. Das heisst, dass beide Seiten wertmässig

A7 Stellen Sie das Aktiv- und Passivgeschäft einer Geschäftsbank grafisch dar und setzen Sie die folgenden Begriffe am richtigen Ort ein:
Passivgeschäft, Aktivgeschäft, Zinsen tief, Zinsen hoch, Spargelder, Darlehen/Kredite

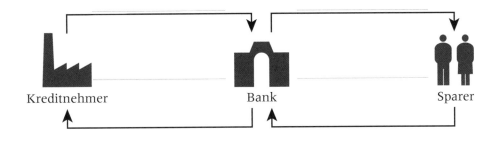

Kreditnehmer — Bank — Sparer

A8 Entscheiden Sie, um welche Art Bankgeschäfte es sich handelt.
P = Passivgeschäft, A = Aktivgeschäft, D = Dienstleistung

	Sie überziehen Ihr Lohnkonto, weil die Rollerreparatur sehr teuer war.
	Sie schlachten Ihr Sparschwein und bringen das Geld auf Ihre Bank.
	Die von der Grossmutter geerbten Aktien verwaltet Ihre Bank.
	Für das neue Auto nehmen Sie einen Kredit auf.
	Sie wechseln CHF in jene Währung, die Sie in den Ferien brauchen.
	Ihre Krankenkassenprämie zahlen Sie mit einem Dauerauftrag.
	Sie legen Fr. 400.– auf Ihr Sparkonto als Rückstellung für Ferien.

A9 Grundsätzlich gilt für Kapitalanlagen: Je höher die Rendite, desto ...

- ☐ kurzfristiger muss die Kapitalanlage sein.
- ☐ höher das Risiko.
- ☐ sicherer die Geldanlage.
- ☐ besser die Schuldnerqualität.

A10 Sie haben im Lotto Fr. 100 000.– gewonnen und überlegen sich verschiedene Anlagemöglichkeiten. Je nach Strategie verändern sich die Rendite, die Sicherheit und die Verfügbarkeit.
Setzen Sie je nach Strategie ein: g = gross, k = klein, m = mittel, – = keine

Anlagestrategie	Rendite	Sicherheit	Verfügbarkeit
Sie sagen niemandem etwas und verstecken das Geld zu Hause unter der Matratze.			
Sie bringen das Geld auf Ihr Sparkonto bei der Kantonalbank.			
Sie kaufen Aktien, welche in letzter Zeit stark gestiegen sind.			
Sie eröffnen bei Ihrer Bank ein Anlagesparkonto.			

Anlagestrategie	Rendite	Sicherheit	Verfügbarkeit
Sie teilen das Geld auf: • etwas auf das Anlagesparkonto, • etwas auf Ihr Lohnkonto • und den Rest legen Sie in Aktien an, von der Bank empfohlen.			

A11 Welche Aussage ist richtig, welche falsch?
Wenn ich von einer Bank eine Kassaobligation kaufe, …

Aussage	richtig	falsch
bin ich Gläubiger der Bank.	☐	☐
kann ich mein Geld jederzeit zurückverlangen.	☐	☐
erhalte ich einen zum Voraus festgesetzten Zins.	☐	☐
bin ich Teilhaber der Bank.	☐	☐

A12 Welche Aussage ist richtig, welche falsch?
Als Aktionär eines Unternehmens bin ich …

Aussage	richtig	falsch
Gläubiger des Unternehmens.	☐	☐
Miteigentümer des Unternehmens.	☐	☐
von Gesetzes wegen Mitglied des Verwaltungsrates.	☐	☐
ohne jegliche finanzielle Risiken.	☐	☐

A13 Wo erhalten Sie am meisten Zins?

☐ Lohnkonto
☐ Anlagesparheft
☐ 5-jährige Kassaobligation
☐ Anleihe mit einer Laufzeit von 12 Jahren

A14 Welche der nachfolgenden Geldanlagen ist die relativ sicherste Variante?

☐ Anleihensobligation Grosshandel AG
☐ Namenaktie Huber und Partner AG
☐ Anleihe Kanton Bern 2020–2030
☐ Privatkonto bei der ortsansässigen Bank

A15 Jede Zahlungsart hat Vor- und Nachteile. Nennen Sie zu jeder Zahlungsart mindestens einen Vor- und einen Nachteil.

Zahlungsart	Vorteile	Nachteile
E-Banking		
Online-Zahlsystem Twint		
Travel-Prepaid-Karte		
Lastschriftverfahren		
Postschalter		

A16 Beschreiben Sie den Unterschied zwischen einem Dauerauftrag und einem Lastschriftverfahren in zwei bis drei vollständigen Sätzen.

Kaufen

A17 Entscheiden Sie, ob es sich bei den Beispielen um verbindliche oder unverbindliche Offerten handelt.

Beispiel	Verbindliche Offerte	Unverbindliche Offerte
Auf der Schuhschachtel steht der Preis von Fr. 129.–.	☐	☐
In einem Inserat wird eine alte Vespa für Fr. 1200.– angeboten.	☐	☐
Ein Juwelier bietet in seinem Schaufenster einen mit Diamanten besetzten Weissgoldring für Fr. 25.– an.	☐	☐
Die Studentenschnitte ist beim Bäcker mit Fr. 1.80 angeschrieben.	☐	☐
Für die Montage inkl. Lampe verlangt der Elektriker am Telefon Fr. 480.–. Sie nehmen das Angebot an.	☐	☐
Im Regal entdecken Sie einen Fahrradhelm, der nicht wie die anderen Fr. 115.–, sondern nur Fr. 95.– kostet.	☐	☐
Im Internet wird eine Kamera für Fr. 59.90 angeboten.	☐	☐

A18 Ab wann ist ein Kaufvertrag rechtsgültig?

- ☐ Bei der Bestellung
- ☐ Mit der Offerte
- ☐ Nach der Lieferung
- ☐ Nach der Bezahlung

A19 Die Ihnen gelieferte Ware ist fehlerhaft. Sie schreiben sofort ...

- ☐ eine Offerte.
- ☐ eine Betreibung.
- ☐ einen Annahmeverzug.
- ☐ eine Mängelrüge.

A20 Kreuzen Sie an, ob folgende Aussagen zum Kaufvertrag richtig oder falsch sind.

Aussage	richtig	falsch
Auch mündliche Kaufverträge sind verbindlich.	☐	☐
Kaufverträge können stillschweigend abgeschlossen werden.	☐	☐
Minderjährige können keine Kaufverträge ohne Zustimmung der Eltern abschliessen.	☐	☐
Innert fünf Tagen können alle Kaufverträge rückgängig gemacht werden.	☐	☐

A21 Beantworten Sie die folgenden Fragen zum Kaufen im Internet in vollständigen Sätzen. Begründen Sie Ihre Antworten.

a) Sind Offerten (Preisangaben) im Internet verbindlich oder unverbindlich?

b) Sind im Internet abgeschlossene Verträge verbindlich?

c) Kann man von einem Internetkaufvertrag zurücktreten?

d) Wann sind allgemeine Geschäftsbedingungen gültig?

e) Können Minderjährige im Internet etwas kaufen?

f) Wie stellt man sicher, dass man die bezahlte Ware auch erhält?

g) Wer haftet, wenn die Ware verloren geht oder beschädigt wird?

h) Wer bezahlt die Versandkosten?

i) Haften die Verkaufsportale (z. B. Ricardo), wenn man betrogen worden ist?

j) Muss man unbemerkt hergestellte kostenpflichtige Verbindungen bezahlen?

A22 Der Ablauf einer Betreibung und Pfändung ist durcheinander geraten. Setzen Sie die Stationen mit den Ziffern 1 bis 9 in die richtige Reihenfolge.

	Mit dem Gesuch um Rechtsöffnung muss die Gläubigerin die Forderung vor Gericht beweisen.
	Entweder zahlt der Schuldner oder das Betreibungsamt stellt eine Pfändungsurkunde aus.
	Kann die Schuld mit dem Erlös nicht gedeckt werden, erhält die Gläubigerin für die Restschuld einen Verlustschein, welcher nach 20 Jahren verjährt. In dieser Zeit kann die Gläubigerin für ihre Forderung weiter betreiben.
	Bekommt die Gläubigerin Recht, kann sie mit einem neuen Kostenvorschuss das Fortsetzungsbegehren stellen.
	In der Schweiz kann jedermann am Wohnort des Schuldners mit einem Kostenvorschuss eine Betreibung einleiten. Die Gläubigerin füllt dazu ein Formular für das Betreibungsbegehren aus.
	Wenn die Gläubigerin das Verwertungsbegehren gestellt hat, informiert das Betreibungsamt den Schuldner über die bevorstehende Pfandverwertung.
	Das Betreibungsamt fordert den Schuldner mit dem Zahlungsbefehl auf, die Schuld innert 20 Tagen zu bezahlen.
	An einer öffentlichen Versteigerung werden die gepfändeten Gegenstände gegen Barzahlung verkauft.
	Ist der Schuldner mit der Forderung nicht einverstanden, kann er den Zahlungsbefehl innert zehn Tagen mit «ich erhebe Rechtsvorschlag» retournieren und damit die Betreibung vorläufig einstellen.

A23 Notieren Sie die passende Kaufart hinter das jeweilige Geschäft.

Art des Geschäfts	Kaufart
Die Zeitschrift bezahlen Sie am Kiosk mit einer 10-Franken-Note.	
Sie kaufen sich eine neue Musikanlage. Da diese ziemlich teuer ist, leisten Sie eine Anzahlung und begleichen die Restsumme in mehreren Raten.	
Sie kaufen einen bequemen Bürostuhl und lassen sich eine Rechnung schreiben (mit Einzahlungsschein).	
Das Geld für den neuen Roller hat Ihnen die Bank gegen einen Jahreszins von 10 Prozent geliehen.	

Kapitel 2 | Geld und Konsum

A24 Kreuzen Sie an, ob folgende Aussagen zum Leasing richtig oder falsch sind. Korrigieren Sie die falschen Aussagen.

Behauptung	richtig	falsch	Stellungnahme
«Das Auto gehört mir, sobald ich alle Leasingraten bezahlt habe.»	☐	☐	
«Mit dem geleasten Auto kann ich machen, was ich will.»	☐	☐	
«Autoleasing ist günstig.»	☐	☐	
«Ich kann den Leasingvertrag jederzeit kündigen.»	☐	☐	

Behauptung	richtig	falsch	Stellungnahme
«Solange das Auto in Reparatur ist, muss ich die Raten nicht bezahlen.»	☐	☐	
«Am Schluss kann ich das Auto zum Restwert kaufen.»	☐	☐	

A25 Öffnen Sie die Internetseite *www.wwf.ch*. Starten Sie den Footprint-Rechner und beantworten Sie alle Fragen, bis Sie zur Auswertung kommen.

a) Wie viele Planeten wären nötig, wenn alle Menschen auf so grossem Fuss leben würden wie Sie?

b) Welche Ihrer Bereiche sind grösser als der Schweizer Durchschnitt?

c) Beschreiben Sie Möglichkeiten, wie Sie Ihren «Fussabdruck» in den verschiedenen Bereichen (Ernährung, Mobilität, Wohnen und Energie, Konsum) verkleinern könnten.

Wissen anwenden

Hinweis: Die Antworten zu den Fragen, die mit einem Ja oder Nein beantwortet werden können, müssen Sie begründen.

W1 Nehmen Sie Ihre Lohnabrechnung mit.
Welche Abzüge werden von Ihrem Bruttolohn gemacht?

W2 a) Führen Sie während eines Monats Kontrolle über Ihre Einnahmen und Ausgaben (z.B. mit einem Kassenbuch).

b) Fassen Sie Ihre Aufzeichnungen in die wichtigsten Einnahme- und Ausgabekategorien zusammen.

c) Kommentieren Sie Ihre finanzielle Situation.

d) Erstellen Sie ein persönliches Budget im Verlauf des nächsten Monats.

W3 Führen Sie das Kassabuch:
Am 1. Tag des Monats befinden sich Fr. 196.50 in der Kasse. Tags darauf bezahlen Sie für einen Konzert Fr. 50.– Eintritt und geben Fr. 23.– für Getränke aus. Am 14. des Monats geben Sie für ein Geburtstagsgeschenk Fr. 35.90 und für Nahrungsmittel Fr. 37.10 aus. Zwei Tage später heben Sie vom Bankkonto Fr. 100.– ab. Am Vereinsanlass vom 20. geben Sie Fr. 14.50 und eine Woche später für das Bus-Abo Fr. 35.– aus. Am nächsten Tag kaufen Sie sich eine Jacke im Ausverkauf für Fr. 67.–, vier Tage später leisten Sie sich noch ein eBook im Wert von Fr. 22.–.
Wie präsentiert sich laut Kassabuch Ihre finanzielle Situation Ende Monat?

Datum	Buchungstext	Einnahmen	Ausgaben

Datum	Buchungstext	Einnahmen	Ausgaben

W4 Klären Sie bei Ihrem Postkonto/Bankkonto Folgendes ab:
- Zinssatz
- Inbegriffene Dienstleistungen
- Spesen

W5 «Wenn jemand gut schlafen will, soll er Obligationen kaufen; wenn jemand aber gut essen will, soll er Aktien kaufen.»
Zeigen Sie die Hintergründe dieses Spruchs auf.

W6 Im Schaufenster eines Kleidergeschäftes werden Jeans mit Fr. 58.– angepriesen. Dieses günstige Angebot will sich Tina nicht entgehen lassen. Bei der Anprobe stellt sie aber fest, dass auf dem Preisschild Fr. 85.– steht.
Welcher Preis gilt nun? Begründen Sie Ihre Antwort.

W7 Ein Musikgeschäft bietet Ihnen in einem Telefongespräch eine Musikanlage für Fr. 750.– an. Nach einer Bedenkzeit von einer Woche wollen Sie die Anlage kaufen. Die Verkäuferin erklärt Ihnen aber, dass dieses Angebot nicht mehr gelte und die Musikanlage wieder Fr. 950.– koste.
Muss das Musikgeschäft Ihnen die Anlage für Fr. 750.– verkaufen? Begründen Sie Ihre Antwort.

W8 Per Brief bestellen Sie in einem Fachgeschäft einen PC. Am nächsten Tag sehen Sie in der Fernsehwerbung, dass das gleiche Gerät in einem anderen Geschäft wesentlich günstiger angeboten wird. Da Sie noch keine Auftragsbestätigung erhalten haben, widerrufen Sie per Fax Ihre Bestellung.
Sind Sie damit von Ihrer Bestellung entbunden?

W9 Laura ist 19 Jahre alt und arbeitet als medizinische Praxisassistentin. In ein paar Wochen wird ihre ältere Schwester heiraten. Für die Feier braucht Laura noch ein festliches Kleid. Sie will dieses im Internet kaufen, weil sie so bequem und in aller Ruhe von zu Hause aus das passende Kleid auswählen kann. Laura hat bis anhin noch nie eine grössere Anschaffung online im Internet getätigt. Sie fühlt sich deshalb ein wenig unsicher und will zuerst ein paar Fragen klären:

a) Wie kann man sicherstellen, dass man auf der Website eines seriösen Anbieters ist?

b) Auf welche Arten kann man im Internet bezahlen?

c) Wie sicher sind die verschiedenen Bezahlmöglichkeiten?

d) Gibt es ein Widerrufsrecht?

e) Kann sie das Kleid zurückgeben, wenn es nicht passt?

W10 Trotz mehrmaliger Mahnung hat Ihr Freund das Motorrad, welches Sie ihm vor einem Monat verkauft haben, noch immer nicht bezahlt. Sie entscheiden sich, das Motorrad wieder zurückzuholen.
Sind Sie dazu berechtigt?

W11 Rolf kauft in einer Modeboutique einen Mantel. Zu Hause stellt er fest, dass das Innenfutter an einer Stelle zerrissen ist. Ihn stört das zunächst nicht, zumal er den Mantel heute sowieso unbedingt braucht. Vierzehn Tage später meint er jedoch, dass ein so teurer Mantel keine Schäden aufweisen sollte. Er reklamiert im Geschäft und verlangt die Beseitigung des Mangels.
Hat seine Beschwerde Aussicht auf Erfolg?

W12 Sie erhalten eine unbestellte Sendung mit vier alten Münzen zum Preis von Fr. 56.– mit der Aufforderung, bei Nichtbezahlung des Betrages die Münzen innerhalb von drei Wochen wieder zurückzusenden. Sie haben kein Interesse an alten Münzen.
Wie sieht die Rechtslage aus?

W13 Auf einer Werbe-Carfahrt mit Gratisimbiss lassen Sie sich zur Bestellung eines neuartigen Gerätes überreden, welches die Zimmerluft reinigen, ja sogar keimfrei machen soll. Das Gerät kostet – während der Carfahrt – «nur» Fr. 689.–.
Nach einem Gespräch mit Bekannten haben Sie tags darauf Zweifel an der Wirksamkeit des Gerätes und auch der recht hohe Preis schreckt Sie jetzt ab.
Wie gehen Sie vor, wenn Sie vom Kauf zurücktreten wollen?

W14 Sie haben einem Schulkameraden Ihr Fahrrad als Occasion für Fr. 200.– verkauft. Der Kollege bezahlt bar und verlangt von Ihnen eine Quittung.
Schreiben Sie eine korrekte Quittung mit den Ihnen vorliegenden Angaben.

W15 Franz, seit einem Jahr aus der Lehre, will sich ein Auto kaufen. Sein Traumauto kostet Fr. 24 000.–. Gespart hat er bisher Fr. 8000.–. Pro Monat verdient Franz netto Fr. 4000.–. Davon kann er pro Monat Fr. 1000.– sparen.

a) Nennen Sie drei Finanzierungsmöglichkeiten für Franz.

b) Erklären Sie ihm die Eigentumsverhältnisse bei diesen drei Finanzierungsmöglichkeiten.

c) Geben Sie Franz einen begründeten Rat, welche der Finanzierungsmöglichkeiten für ihn die beste wäre.

W16 Rufen Sie Sie den Label-Ratgeber des WWF auf: *https://hep.plus/gesbah-label-ratgeber*

a) Welche Labels werden als ausgezeichnet, welche als sehr empfehlenswert, welche als empfehlenswert und welche als bedingt empfehlenswert eingestuft?

b) Welche Labels sind Ihnen bekannt?

c) Warum werden gewisse Labels als «bedingt empfehlenswert» bewertet?

Kreuzworträtsel

X1

Verwenden Sie die Umlaute Ä, Ö und Ü.

Waagrecht
2. Brief, den ich aufgrund einer mangelhaften Lieferung schreibe
4. Verhältnis des Ertrags zum eingezahlten Betrag
6. Diese Kosten eines Budgets kann man beeinflussen (2 Worte)
7. Haben Aktien- und Obligationenpakete zum Inhalt
11. Als Besitzer dieser Wertschrift bin ich Gläubiger
18. Dieser bewirkt, dass der Käufer erst mit Bezahlung der letzten Rate Eigentümer wird
19. Es gibt verbindliche und unverbindliche
20. Kaufkriterium, bei dem auf ein Verbot von Kinderarbeit geachtet wird (Nomen)
21. Damit will ich den Kauf rückgängig machen
22. Umweltwirkungen eines Produkts während seines gesamten Lebenswegs
23. Anderes Wort für Garantie
24. Anderes Wort für Wertverminderung

Senkrecht
1. Für die amtliche Überprüfung eines Preismissbrauchs zuständig
3. Eine Art Miete (Gegenstand ist nie mein Eigentum)
5. Z.B. Mastercard
8. LSV heisst ...
9. Teil der allfälligen Gewinnausschüttung als Aktienbesitzer
10. Diese Banken haben eine Staatsgarantie
12. Karte, bei der die Bezüge direkt dem Konto belastet werden
13. Meistens die günstigste Art, etwas zu erwerben
14. Bruttolohn minus Abzüge
15. Diese Bank steuert den Geldumlauf in der Schweiz (nur 2. Wort)
16. Wichtige muss ich bis zu 10 Jahren aufbewahren
17. Damit ist ein Kaufvertrag abgeschlossen

Lernaufgabe

Grössere Anschaffung finanzieren

L1 Ausgangslage
Schon bald werden Sie vermutlich die Autoprüfung ablegen und möglicherweise ein eigenes Auto kaufen. Was bedeutet dies finanziell genau? Welche Kosten kommen auf Sie zu?

Lernziele
Sie können im Internet gezielt nach passenden Angeboten suchen.
Sie können verschiedene Finanzierungsarten unterscheiden und deren Vor- und Nachteile aufzeigen.

Auftrag
Erarbeiten Sie die Aufträge allein und halten Sie Ihre Gedanken, Resultate schriftlich fest. Diskutieren Sie den letzten Auftrag mit Ihrem Banknachbarn.

Produkt
Ergebnisse stichwortartig festhalten.

Vorgehen
1. Sie arbeiten, bis auf den letzten Auftrag, allein.
2. Lesen Sie die Lernaufgabe genau durch und klären Sie Fragen mit der Lehrperson.
3. Halten Sie Ihre Antworten schriftlich fest.
4. Besprechen Sie in den letzten Auftrag mit Ihrem Banknachbarn. Halten Sie auch diese Gedanken fest.
5. Besprechen Sie wichtige Erkenntnisse im Plenum.

Arbeitsaufträge
1. Suchen Sie im Internet nach einem passenden Auto. Welche Überlegungen machen Sie bei der Recherche? Halten Sie Ihre Gedanken fest.
2. Für welches Auto haben Sie sich entschieden? Schreiben Sie die wichtigsten Eckdaten, wie z. B. Marke, Modell und Preis, zu Ihrem Auto heraus.
3. Grössere Anschaffungen können auf unterschiedliche Weise finanziert werden. Rufen Sie sich die verschiedene Arten der Finanzierung nochmals in Erinnerung, schreiben Sie drei Finanzierungsarten auf und erklären Sie deren Bedeutung kurz.
4. Nachdem Sie die verschiedenen Finanzierungsmöglichkeiten betrachtet haben, machen Sie sich Gedanken, zu den untenstehenden Fragen:
5. Wie finanzieren Sie Ihr Auto? Was bedeutet dies genau? Wie sieht die Finanzierung konkret aus? Ist es eine einmalige Belastung? Oder eine monatliche? Welche Vor- und Nachteile hat diese Finanzierungsmöglichkeit?
6. Beschränken Sie sich auf **zwei** Finanzierungsarten.
7. Recherchieren Sie im Internet (z. B. *www.comparis.ch*) und halten Sie die Fakten in der Tabelle (Finanzierungsart, Kosten konkret, Vorteil, Nachteil) fest.
8. Vergleichen Sie die beiden ausgewählten Finanzierungsmöglichkeiten. Für welche würden Sie sich entscheiden? Begründen Sie Ihre Überlegungen. Diskutieren Sie und halten Sie Ihr Ergebnis fest.

Kapitel 3
Teil A Freizeit – Risiko/Versicherungen

Das weiss ich jetzt!	60
Aufgaben	64
Wissen anwenden	70
Kreuzworträtsel	73
Lernaufgabe	74

Das weiss ich jetzt!

3.1 Wo ist die Vereinigungsfreiheit gesetzlich verankert?

3.2 Definieren Sie den Begriff «Verein».

3.3 Welche Bedingungen sind zu erfüllen, damit ein Verein gegründet werden kann?

3.4 Zählen Sie vier verschiedene «ideelle» Vereinsaufgaben auf.

3.5 In welcher Gesetzessammlung finden Sie Bestimmungen über den Verein?

3.6 Über welche drei Bereiche geben die Statuten Auskunft?

3.7 Was versteht man unter «Organe» eines Vereins?

3.8 Den planvollen Umgang mit den eigenen Risiken nennt man Risikomanagement. Charakterisieren Sie mit je einer treffenden Frage die drei Teilbereiche des Risikomanagements.

3.9 Warum tut sich der Mensch beim Einschätzen von Risiken schwer?

3.10 Es gibt persönliche Risiken, welche unsere Lebenserwartung verkürzen oder unsere Lebensqualität vermindern können. Nennen Sie fünf solcher Risiken.

3.11 Beschreiben Sie, wieso regelmässige Bewegung zu einem gesunden Lebensstil gehört.

3.12 Nennen Sie fünf Ernährungsempfehlungen des BAG.

3.13 Warum sollte auf sämtliche Suchtmittel verzichtet werden?

3.14 Ein negatives Selbstwertgefühl vermindert die Lebensqualität. Zeigen Sie die negativen Auswirkungen auf.

3.15 Zählen Sie vier Verhaltensweisen auf, welche je nach Situation als psychische Gewalt ausgelegt werden kann.

3.16 Was sind typische Merkmale von Mobbing?

3.17 Warum ist es schwierig, zu erkennen, ob jemand psychischer Gewalt ausgesetzt ist?

3.18 Beschreiben Sie, wieso Empathie und das Wechseln auf die Metaebene helfen, Konflikte gewaltfrei zu lösen.

3.19 Wie kann ich mich gegen sexuelle Belästigung am Arbeitsplatz wehren?

3.20 Gesellschaftliche und globale Risiken bedrohen nicht den einzelnen Menschen, sondern die Gesellschaft als Ganzes. Genannt wurden die ökologischen Folgen unseres Lebens und die Kluft zwischen Arm und Reich. Beschreiben Sie bei beiden Beispielen, welche zusätzlichen Risiken für die Schweiz entstehen.

3.21 Welches sind die Grundleistungen der Krankenversicherung?

3.22 Erklären Sie den Unterschied zwischen Franchise und Selbstbehalt.

3.23 Zählen Sie drei Sparmöglichkeiten bei der Krankenkasse auf und nennen Sie deren Vor- und Nachteile.

3.24 Die Leistungen der Unfallversicherung sind besser als diejenigen der Krankenversicherung. Welche zusätzlichen Leistungen zur Krankenversicherung deckt die Unfallversicherung?

3.25 Was ist eine Einzelabrede? Wie wird sie abgeschlossen?

3.26 Welche Schäden deckt eine Vollkaskoversicherung?

3.27 Ihr Auto wurde gestohlen. Welche Versicherung kommt für den Schaden auf?

3.28 Welche Leistungen erbringt die Rechtsschutzversicherung?

3.29 Wie kann ich auch ohne direkte Schuld haftpflichtig werden?

3.30 Warum hat der Staat die Motorfahrzeughaftpflichtversicherung für obligatorisch erklärt?

3.31 Wann kann eine Versicherungsgesellschaft Regress nehmen? Welche Folgen hat das für den Versicherungsnehmer?

3.32 Wie funktionieren Bonus und Malus?

Aufgaben

Freizeit

A1 Entscheiden Sie, ob die Aussagen zum Verein richtig oder falsch sind.

Aussage	richtig	falsch
Kein Verein muss sich in der Schweiz registrieren lassen.	☐	☐
Die «Vereinigungsfreiheit» ist in der Bundesverfassung verankert.	☐	☐
Das ZGB hält wenige Bestimmungen zur Vereinstätigkeit fest.	☐	☐
Ein Verein «zur Förderung des Bierkonsums» ist rein ideeller Natur.	☐	☐
Eine Tombola durchzuführen, verfolgt einen wirtschaftlichen Zweck, weshalb Vereine dafür keine Reklame machen dürfen.	☐	☐
Wenn mindestens zwei Personen dasselbe ideelle Ziel erklären, gilt der Verein als gegründet.	☐	☐
Die Regeln eines Vereins, die Auskunft über Zweck, Mittel und die Organisation geben, nennt man Statuten.	☐	☐
Der Fussballclub Basel muss im Handelsregister eingetragen sein, obwohl er ein Verein ist.	☐	☐
Die Präsidentin eines Vereins hat am meisten Macht.	☐	☐
An der Generalversammlung (GV) hat jedes Vereinsmitglied ein Stimmrecht. Die GV bildet das oberste Organ eines Vereins.	☐	☐
Der Kassier muss (obligatorisch) seine Buchhaltung den Rechnungsrevisoren jährlich zur Kontrolle vorlegen.	☐	☐
Die Rechnungsrevisoren dürfen nicht zum Verein gehören. Damit soll ihre Objektivität gewährleistet werden.	☐	☐
Fachpersonen, z.B. eine Trainerin, können die Präsidentin, die Aktuarin und den Kassier im Vorstand als Beisitzer ergänzen.	☐	☐

Risiken

A2 Sie planen mit Kollegen eine Ski-Tour in den Bergen. Halten Sie stichwortartig fest, was Sie auf den drei Ebenen vorkehren.

Ebene	Vorkehrungen
1. Risiken erkennen	
2. Risiken vermeiden	
3. Folgen von Risiken absichern	

A3 Erklären Sie anhand eines praktischen Beispiels und in vollständigen Sätzen, warum die Risiken neuer Technologien höher eingeschätzt werden als Risiken von Bekanntem.

A4 Beschreiben Sie am Beispiel Alkohol den Unterschied zwischen Genuss- und Suchtmittel in vollständigen Sätzen.

A5 Beschreiben Sie in Stichworten, was Sie persönlich gegen die folgenden Feststellungen zur Bewegungsarmut und zur falschen Ernährung tun könnten?

Feststellung	Persönliche Empfehlung
Wir bewegen uns zu wenig.	
Wir essen zu süss.	
Wir essen zu fettig.	
Wir essen zu ballaststoffarm.	
Wir essen zu schnell.	
Wir essen zu viel.	

A6 Setzen Sie im folgenden Text die zutreffenden Begriffe in die Lücken.
Beisammensein, Strassenverkehr, Gesundheit, Starrkrampf, Bewegung, übermässiger Alkoholkonsum, negativen, Entspannung (2x), ungeschützten Geschlechtsverkehr, übersetzte Geschwindigkeit, Krankheiten, Unfälle, gesundes, Ernährung, SUVA-Richtlinien, Risiken, unterschätzen, lernen, Aids, Fehler, Schwächen, Schlaf, Selbstwertgefühl, Impfungen, Hepatitis

Vorbeugende Massnahmen wie _____, _____ und ausgewogene _____ sind zentral für unsere _____. Verschiedene _____ schützen uns vor _____ wie zum Beispiel _____ oder _____.

Zwar kann man _____ heute mit Medikamenten unter Kontrolle halten, doch wird das HI-Virus noch immer durch _____ übertragen.

Jeder Tote im _____ ist einer zu viel. Häufigste Unfallursachen sind _____ und _____.

Um am Arbeitsplatz _____ zu vermeiden, sollte man die _____ unbedingt befolgen. In der Freizeit sollte man die _____ nicht _____.

Das Wort «Stress» wird heute sehr häufig verwendet, ohne an die _____ Folgen zu denken. Erholung oder _____ finden wir zum Beispiel in genügend _____ oder geselligem _____. Das steigert auch unser _____. Wer ein _____ Selbstwertgefühl hat, kann _____ eingestehen, _____ zugeben und daraus _____.

Versicherungen

A7 Beschreiben Sie mit eigenen Worten und in zwei bis drei vollständigen Sätzen, wie das Solidaritätsprinzip funktioniert.

A8 Welche Versicherungen sind grundsätzlich obligatorisch, welche freiwillig?

Versicherung	obligatorisch	freiwillig
Privathaftpflichtversicherung	☐	☐
Vollkaskoversicherung	☐	☐
Krankenkasse	☐	☐
Motorfahrzeughaftpflichtversicherung	☐	☐
Teilkaskoversicherung	☐	☐
Berufsunfallversicherung	☐	☐

A9 Füllen Sie die nachstehende Tabelle zu Ihrer eigenen Krankenversicherung (Grundversicherung) aus. Unter *www.comparis.ch* finden Sie die nötigen Angaben.

a) Markieren Sie das Feld farbig, welches Ihrer jetzigen Prämie entspricht.

Name Versicherung				
Franchise	Fr. 300.–	Fr. 1000.–	Fr. 1500.–	Fr. 2500.–
Prämie in Fr. pro Monat				

b) Vergleichen Sie den Betrag mit den anderen Beträgen. Was können Sie dazu sagen? Welche Franchise entspricht Ihren Bedürfnissen am meisten? Warum? Nehmen Sie in zwei bis drei vollständigen Sätzen Stellung dazu.

A10 Emma hat bei ihrer Grundversicherung der Krankenkasse eine Jahresfranchise von Fr. 300.–. Im Jahr 2022 muss sie mehrmals zum Arzt. Folgende Arztrechnungen muss sie begleichen. Wie hoch ist der Betrag, den Emma selber bezahlen muss, wie viel übernimmt die Krankenkasse?

Arztrechnungen	Kosten Krankenkasse	Kosten Frau Huber
• Dr. Müller Fr. 1300.–		
• Dr. Geiger Fr. 700.–		
• Dr. Moll Fr. 400.–		

A11 Ordnen Sie die Leistungen der Krankenversicherung der Grundversicherung oder der Zusatzversicherung zu. Verbinden Sie jede Leistung mit der passenden Versicherung.

Versicherung	Leistung
Grundversicherung	Zweier- oder Einzelzimmer bei Spitalaufenthalt allg. Abteilung
	Spitalaufenthalt allg. Abteilung
	Zahnkorrektur
Zusatzversicherung	Verordnete Medikamente
	Spitaltaggeld

A12 Entscheiden Sie, welche Versicherung im Fallbeispiel zuständig ist und setzen Sie das Kreuz an der entsprechenden Stelle.

Fallbeispiel	Berufsunfallversicherung	Nichtberufsunfallversicherung	Krankenkasse
Martin ist schnell auf den Skiern unterwegs und fährt ungebremst in Luisa. Luisa bricht sich dabei den Arm.	☐	☐	☐
Herr Münger erleidet einen Herzinfarkt.	☐	☐	☐
Mia fällt in der Berufsfachschule die Treppe hinunter und zieht sich eine Bänderzerrung zu.	☐	☐	☐
Auf dem Nachhauseweg von der Arbeit fährt Max mit seinem Fahrrad in ein stehendes Auto. Dabei quetscht er sich eine Rippe.	☐	☐	☐
Marisa ist im dritten Monat schwanger.	☐	☐	☐
Laura stürzt beim Räumen im Estrich von der Leiter und bricht sich den Daumen.	☐	☐	☐
Liam arbeitet oft im Freien. Im Winter muss er mit einer Lungenentzündung ins Spital eingeliefert werden.	☐	☐	☐

A13 Infolge zunehmender Krankheitskosten steigen die Krankenkassenprämien jedes Jahr. Beschreiben Sie stichwortartig mindestens zwei Möglichkeiten, wie der Einzelne Krankenkassenprämien sparen kann.

A14 Welche Versicherung kommt in den folgenden Fallbeispielen für den Schaden auf?

Fallbeispiel	Versicherung
Ein Motorradfahrer touchiert auf dem Zebrastreifen eine alte Dame.	
Nach einem Hagelschauer ist Yaniks Auto mit unzähligen Dellen übersät.	
Beim Einparken zerkratzt Julia die Front ihres neuen Autos.	
Kimo hustet stark, er muss seine Lunge röntgen lassen.	
Amélie ist unachtsam und fährt mit ihrem Auto ins Heck des vorderen Autos.	
Luc verletzt sich am Arbeitsplatz an der Hand.	

A15 Ordnen Sie die folgenden Begriffe den richtigen Beschreibungen zu.
Bonus, Versicherungsbetrug, Selbstbehalt, Regress, Einzelabrede, Rente

Beschreibung	Begriff
Rückgriff auf den Versicherten.	
Ungerechtfertigter Bezug von Versicherungsleistungen.	
Betrag, den die Versicherung regelmässig ausbezahlt.	
Verlängerung der Unfallversicherung nach Austritt aus dem Unternehmen.	
Kostenbeteiligung des Versicherten.	
Prämienreduktion für unfallfreies Fahren.	

Wissen anwenden

Hinweis: Die Antworten zu den Fragen, die mit einem Ja oder Nein beantwortet werden können, müssen Sie begründen.

W1 Trotz eines vereinsfreundlichen Rechts, unterliegt jeder Verein auch rechtlichen Bestimmungen. Zu welcher Körperschaft gehört der Verein? Zu den «natürlichen Personen» oder zu den «juristischen Personen»?

W2 Rechtswidrige oder staatsgefährdende Vereinszwecke verbietet das ZGB. Was ist damit gemeint?

W3 Sie gründen einen Verein. Worüber müssen die Statuten eines Vereins Auskunft geben?

W4 Ein Verein möchte seine Statuten ändern. Dies kann aber nur durch das oberste Organ geschehen. Wer ist das oberste Organ eines Vereins?

W5 Die Leitung eines Vereins übernimmt das geschäftsführende Organ – der Vorstand. Welche Funktionen und Ämter üben in der Regel die Mitglieder eines Vereinsvorstandes aus?

W6 Ein Sportverein beauftragt eine externe Firma für die Revision. Welche Aufgaben haben Rechnungsrevisoren?

W7 Erstellen Sie ein persönliches Risikoprofil. Welchen persönlichen Risiken sind Sie ausgesetzt? Welche zusätzlichen Risiken gehen Sie ein? Wie hoch stufen Sie Ihr Risikopotenzial ein?

W8 Welche menschlichen Charaktereigenschaften helfen gegen das Rasen?
Entwerfen Sie das Charakterprofil eines verantwortungsvollen Autofahrers.

W9 Analysieren Sie Ihren Lebensstil (Bewegung, Ernährung, Stress, Sucht- und Genussmittel, Selbstwertgefühl).
Wie sieht es zurzeit aus? Welche Verbesserungsmöglichkeiten sehen Sie?

W10 Welche menschlichen Stärken verhindern Gewalt, welche menschlichen Schwächen lassen Auseinandersetzungen eskalieren?
Entwerfen Sie zwei unterschiedliche Charakterprofile.

Stärken:

Schwächen:

W11 Am meisten Unterstützung suchen Jugendliche im Zusammenhang mit Stress.
Wie entspannen Sie sich? Beschreiben Sie Ihre Art der Entspannung vom Alltagsstress.

W12 Sie wollen nach der bestandenen Autofahrprüfung ein Occasionsauto kaufen.
Stellen Sie anhand eines Beispiels einer von Ihnen angefragten Versicherungsgesellschaft tabellarisch die folgenden Leistungen dar:

Haftpflicht   Höhe der Schadenssumme
                                     Prämienstufe (Bonus/Malus)
Teilkasko/Vollkasko   Welche Schäden werden übernommen?
                                     Prämienstufe (Bonus/Malus)

W13 Hans fährt am Montagmorgen nach einem anstrengenden Wochenende zur Arbeit. Er ist noch ziemlich müde und entsprechend unkonzentriert. Deshalb merkt er nicht, dass er über eine Kreuzung fährt, ohne Vortritt zu haben. Er kollidiert mit einer Motorradfahrerin. Glücklicherweise bleiben beide unverletzt. Das Motorrad wird aber stark beschädigt.
Wer bezahlt?

W14 Anna ist in der Nacht mit dem Auto unterwegs. Plötzlich taucht vor ihr ein Reh auf. Leider kann sie nicht rechtzeitig bremsen. Durch die Kollision wird ihr Auto stark beschädigt.
Wer bezahlt den Schaden?

W15 Suchen Sie SUVA-Vorschriften, die in Ihrem Beruf beachtet werden müssen, um einen Unfall zu verhindern.
Stellen Sie die Vorschriften auf einem Plakat dar und begründen Sie diese.

Kreuzworträtsel

X1

Verwenden Sie die Umlaute Ä, Ö und Ü.

Waagrecht
1. Ein legales Suchtmittel
4. Den Teil einer Rechnung – 10% – den ich selber bezahlen muss, nennt man ...
10. Die Mitgliederversammlung, der Vorstand und die Revisoren sind die ... eines Vereins
12. «Alle für einen, einer für alle»
13. Das Gegenteil von Erholung
14. Zahle ich Monat für Monat der Krankenkasse, egal ob ich gesund oder krank bin
15. Eine Personenvereinigung, die sich einer ideellen Aufgabe widmet
16. Regeln, die über Zweck, Mittel und Organisation eines Vereins Auskunft geben
17. Ein Nummernschild erhält nur, wer eine ...-Versicherung nachweisen kann

Senkrecht
2. Nicht nur, aber auch eine Form von Jugendgewalt (2 Worte)
3. Davon macht die Versicherung bei grobfahrlässigem Handeln Gebrauch
5. Schäden am eigenen Fahrzeug deckt die ...
6. Leistungen für Badekuren oder Zahnbehandlungen deckt die ...
7. Den planvollen Umgang mit Risiken nennt man ...
8. Jahresbetrag, den ich für anfallende Gesundheitskosten selber bezahle
9. Schäden, welche anderen zugefügt wurden, decken die ...
11. Eine Prämienreduktion bei unfallfreiem Fahren

Lernaufgabe

Meine Krankenversicherung unter der Lupe

L1 Ausgangslage
In absehbarer Zeit werden Ihre Eltern Ihre Krankenversicherung nicht mehr bezahlen. Sie müssen dann selbst dafür aufkommen. Studien zeigen, dass viele Personen im Bereich der Krankenversicherung eine grosse Summe Geld sparen könnten, wenn sie eine geeignetere Versicherung wählen würden. Mit diesem Lernauftrag erarbeiten Sie die wichtigsten Wissensgrundlagen zu Ihrer Krankenversicherung.

Lernziele
Sie können im Internet gezielt nach passenden Krankenversicherungsangeboten suchen.
Sie können wichtige Begriffe zur Grundversicherung der Krankenkasse erklären und diese für Ihre persönliche Situation konkret verwenden.

Auftrag
Erarbeiten Sie selbstständig die Aufträge zur Krankenversicherung. Zum Bearbeiten der Aufträge benötigen Sie Ihre persönlichen Unterlagen zur Krankenversicherung (Grundversicherung). Bringen Sie eine Kopie Ihre Krankenkassen-Police mit. Sie können sie auch mit dem Smartphone fotografieren, achten Sie aber darauf, dass Sie die Schrift gut lesen können.

Produkt
Schriftliche Aufstellung meiner Krankenkassenausgaben

Vorgehen
1. Bringen Sie Ihren eigenen Angaben zu Ihrer Krankenversicherung mit. Beachten Sie, dass Sie über den Versicherungsgeber, Ihre monatliche Prämie, Ihre Franchise und die Unfalldeckung Bescheid wissen müssen.
2. Lesen Sie die Lernaufgabe genau durch und klären Sie Fragen mit der Lehrperson.
3. Erarbeiten Sie die Aufträge zu Ihrer Krankenversicherung mithilfe des Internets.
4. Besprechen Sie die Ergebnisse im Plenum.

Arbeitsaufträge

1. Rufen Sie sich nochmals an die wichtigsten Begriffe in Bezug auf die Grundversicherung der Krankenkasse in Erinnerung (Solidaritätsprinzip, Prämie, Franchise, Selbstbehalt). Halten Sie die Erklärungen schriftlich fest.
2. Prüfen Sie Ihre Versicherungspolice zur Krankenversicherung. Machen Sie eine Aufstellung der Kosten (Name Versicherung, monatliche Prämie, Höhe der Franchise, Versicherungsmodell, Unfalldeckung) zu Ihrer Grundversicherung.
3. Gehen Sie auf die Internetseite *www.comparis.ch* und verändern Sie die Höhe der Franchise (Fr. 300, 1000, 2500). Schreiben Sie auch hier die daraus resultierenden monatlichen Prämien auf.
4. Sie haben unterschiedliche Prämien respektive Franchisen zu Ihrer Krankenversicherung herausgeschrieben. Beschreiben Sie nun, welche Prämie und Franchise sich für Sie am besten eignet. Begründen Sie Ihre Entscheidung schriftlich.
5. Sie haben in der vorhergehenden Aufgabe eine Franchise festgelegt, die sich für Ihre Situation am besten eignet. Vergleichen Sie nun Ihre momentane Krankenversicherung mit anderen Anbietern. Wäre möglicherweise eine andere Krankenversicherung günstiger? Vergleichen Sie wieder auf *www.comparis.ch*. Halten Sie Ihre Ergebnisse fest.
6. Gibt es weitere Möglichkeiten, wie Sie Ihre Ausgaben für die Krankenversicherung geringer halten kann? Was gibt es für weitere Versicherungsmodelle? Welches Versicherungsmodell passt für Ihre Bedürfnissen? Beantworten Sie diese Fragen für Ihre persönliche Situation und überlegen Sie sich dabei mögliche Vor- und Nachteile.
7. Lohnt es sich für Sie persönlich eine Änderung bei der Grundversicherung der Krankenkasse vorzunehmen? Betrachten Sie Ihre Notizen nochmals genau. Halten Sie zum Schluss Ihre wichtigsten Überlegungen nochmals fest und begründen Sie Ihre Antwort schriftlich.

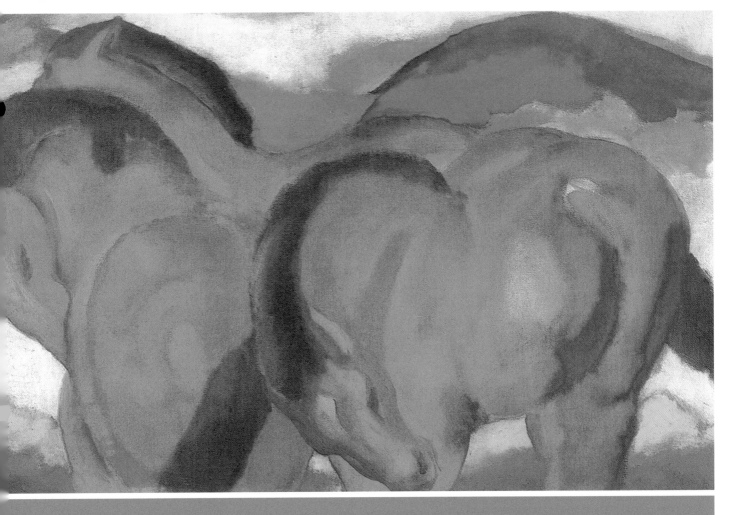

Kapitel 3
Teil B Kultur – Religion/Kunst

Das weiss ich jetzt! 78

Wissen anwenden 83

Das weiss ich jetzt!

3.33   Was ist mit dem Begriff «Kultur» gemeint?

3.34   Wie beeinflussen sich die verschiedenen Elemente der Kultur? Nennen Sie Beispiele.

3.35   Welche Merkmale teilen Hinduismus und Buddhismus?

3.36   Inwiefern nehmen Judentum, Christentum und Islam aufeinander Bezug?

3.37   Welche gemeinsamen Merkmale haben Judentum, Christentum und Islam?

3.38   Was vereint die Christen?

3.39   Worin unterscheiden sich Altes und Neues Testament?

3.40   Was versteht man unter «Dreieinigkeit Gottes»?

3.41   Welche Bedeutung hat die Nächstenliebe im christlichen Glauben?

3.42   Was unterscheidet die katholische von den evangelischen Kirchen?

3.43   Warum kam es zur Spaltung der katholischen Kirche?

3.44   Wo vor allem leben orthodoxe Christen?

3.45   Warum gibt es in Lateinamerika so viele Christen?

3.46   Was machte die Kreuzzüge so populär?

Kapitel 3 | Teil B Kultur – Religion/Kunst

3.47 Welche Bedeutung hatte die «peinliche Befragung» bei Hexenprozessen?

3.48 Welche Faktoren sind für die steigende Anzahl von Kirchenaustritten innerhalb der katholischen Kirche verantwortlich?

3.49 Welche Theorie vertreten die Kreationisten?

3.50 Was bedeutet der Begriff «Islam»?

3.51 Welche Bedeutung hat der Koran für die Muslime?

3.52 Wie heissen die fünf Säulen des Islams?

3.53 Was unterscheidet Sunniten von Schiiten?

3.54 Warum ist der Islam keine extremistische Religion?

3.55 Wofür ist Mahatma Gandhi berühmt?

3.56 Was bedeuten die Begriffe «Atman», «Samsara», «Dharma» und «Karma»?

3.57 Worin unterscheiden sich Vishnuiten von Shivaiten?

3.58 Welche Staaten mit welcher Religion entstanden aus dem britischen Kolonialgebiet «Britisch-Indien»?

3.59 Was ist der Unterschied von Klasse und Kaste? In welchen Lebensbereichen spielt welches System eine Rolle?

3.60 Welchen geschichtlichen Hintergrund hatte der Religionsstifter Buddha?

3.61 Wie kann man die ethischen Grundsätze Buddhas kurz zusammenfassen?

3.62 Welche Inhalte haben die «vier edlen Wahrheiten»?

3.63 Warum lebt der Dalai Lama nicht in Tibet, sondern reist um die Welt?

3.64 Was bedeutet der Begriff «monotheistische Religion»?

3.65 Welche Rolle spielt Abraham in der jüdischen Religion?

3.66 Was ist die Tora?

3.67 Wie beeinflusst das Judentum das Leben der Gläubigen?

3.68 Welche Ursachen hatten die systematischen Anfeindungen und Verfolgung der Juden über die Jahrhunderte?

3.69 Was bedeutet der Begriff «Diaspora»?

3.70 Was ist mit «Zionismus» gemeint?

3.71 Weshalb wird die Lehre des Konfuzianismus auch als Sittenlehre und nicht als Religion im engeren Sinn bezeichnet?

3.72 Was bedeutet «Yin und Yang» im Daoismus?

3.73 Welche Lehre steckt hinter dem Shintoismus?

3.74 Was vereint die verschiedenen Naturreligionen?

3.75 Was unterscheidet die Kunst von der Natur und der Technik?

3.76 Welche vier Kunstformen werden unterschieden?

3.77 Welchen Einfluss hatte die Fotografie auf die Malerei des 20. Jahrhunderts?

3.78 Welche Unterscheidung macht man in der Architektur?

3.79 Wie unterscheiden sich Plastik und Skulptur?

3.80 Welches ist das verbindende Element der darstellenden Künste?

3.81 Welche Kunstformen kommen in der Oper und im Musical zusammen?

3.82 Worin unterscheidet sich das Ballett von den neueren Tanzrichtungen?

3.83 Was hat sich in der Filmkunst durch das Fernsehen verändert?

3.84 Welches ist der Unterschied von Sachtexten zu literarischen Texten?

3.85 Welche Formen epischer Texte kann man unterscheiden?

3.86 Worin unterscheidet sich das Drama von der Epik?

3.87 Wie hat sich die Lyrik im 20. Jahrhundert verändert?

3.88 Wie unterscheidet sich die klassische Musik des 20. Jahrhunderts von der klassischen Musik des 17.-19. Jahrhunderts?

3.89 Welche Neuerungen haben die Komponisten des 20. Jahrhunderts eingeführt?

3.90 Was bezeichnet der Begriff «Pop»?

Wissen anwenden

Hinweis: Die Antworten zu den Fragen, die mit einem Ja oder Nein beantwortet werden können, müssen Sie begründen.

W16 Legen Sie die Benimm-Regeln der fünf Weltreligionen nebeneinander und schälen Sie Gemeinsamkeiten und Verschiedenheiten heraus.
Diskutieren Sie die Resultate.

W17 Wie sind Sie mit Ihrem Glauben «gross» geworden? An welche Personen/Ereignisse erinnern Sie sich im Zusammenhang mit Ihrem Glauben?

W18 Wie leben Sie Ihren Glauben heute in Ihrem Alltag?
Tauschen Sie sich in der Klasse aus.

W19 Kunst ist ein Unterbegriff von Kultur.
Beschreiben Sie, wie sich die Kunst von anderen Teilen der Kultur beeinflussen lässt.

W20 Es können vier Kunstformen unterschieden werden.
Zeigen Sie an Beispielen auf, wie die verschiedenen Kunstformen ineinander greifen, welche Kunstobjekte sogar von einer Kunstform in die andere übertragen werden.

W21 Sie besuchen ein Kunstmuseum.
   a) Untersuchen Sie, welchen Stilen die ausgestellten Bilder zuzuordnen sind.

   b) Beschreiben Sie zwei Bilder aus verschiedenen Stilen und vergleichen Sie die Eigenschaften dieser Bilder.

   c) Beschreiben Sie die Art und Weise, wie die Realität dargestellt wird.

   d) Schildern Sie den Eindruck, den ein abstraktes Bild bei Ihnen auslöst.

W22 Auch die Fotografie ist ein Teil der Kunst.
   a) Erstellen Sie mit einem Fotoapparat (oder Handy) ein Foto, das künstlerischen Charakter hat. Erläutern Sie einem Kollegen, welche Eigenschaften der Fotografie künstlerisch sind.

   b) Fotografieren Sie zwei architektonisch wertvolle Gebäude in Ihrem Wohnort und charakterisieren Sie den Baustil und die Funktion.

W23 Lesen Sie einen Roman oder einen anderen epischen Text Ihrer Wahl.
   a) Untersuchen Sie die Art der Erzählung.

   b) Interpretieren Sie den Text auf dem Hintergrund der Zeit, in der er geschrieben wurde. Informieren Sie sich zu diesem Zweck im Internet über die Autorin oder den Autor.

W24 Lesen Sie die beiden in diesem Kapitel abgedruckten Gedichte.
Zeigen Sie auf, mit welchen sprachlichen Verdichtungen die Autoren Bilder erzeugen und Gefühle ansprechen.

W25 Musik ist in unserem Leben allgegenwärtig.
a) Protokollieren Sie an zwei Tagen alle Anlässe in Ihrem Alltag, an denen Musik vorkommt. Vergleichen Sie das Protokoll mit einem Kollegen und besprechen Sie die Funktionen, die die Musik in unserem Leben einnimmt.

b) Ordnen Sie fünf ausgewählte Musikstücke den entsprechenden Musikstilen zu.

W26 Das Kapitel 3.11 versucht einen Überblick über das 20. Jahrhundert zu geben.
Gestalten Sie mithilfe der gleichen Kategorien einen Überblick über die ersten Jahrzehnte des 21. Jahrhunderts.

Kapitel 4
Mensch und Wirtschaft

Das weiss ich jetzt!	88
Aufgaben	94
Wissen anwenden	106
Kreuzworträtsel	111
Lernaufgabe	112

Das weiss ich jetzt!

4.1 Warum wählt Maslow bei der Zuordnung der Bedürfnisse die Pyramidenform?

4.2 Welcher Zusammenhang besteht zwischen Individual- und Kollektivbedürfnissen?

4.3 Wie kann man immaterielle Bedürfnisse umschreiben?

4.4 Was sind freie Güter?

4.5 Wie unterscheiden sich Konsumgüter von Investitionsgütern?

4.6 Wann spricht man von einem Marktgleichgewicht?

4.7 Welche Voraussetzungen sind notwendig, damit der freie Markt funktioniert?

4.8 Wie verändern sich Preis und abgesetzte Menge,
   a) wenn bei gleichem Angebot die Nachfrage zunimmt/abnimmt?

   b) wenn bei gleichbleibender Nachfrage das Angebot zunimmt/abnimmt?

4.9 Warum spricht man heute eher vom Produktionsfaktor Umwelt statt von Boden?

Kapitel 4 | Mensch und Wirtschaft

4.10 Warum sind Hausfrauen und Hausmänner im wirtschaftlichen Sinne nicht erwerbstätig?

4.11 Wie können Sie Ihren Produktionsfaktor Arbeit beeinflussen?

4.12 Was stellen die Haushalte den Unternehmen zur Verfügung, und was bekommen Sie dafür?

4.13 Beschreiben Sie die drei Funktionen des Geldes anhand praktischer Beispiele.

4.14 Welche positiven und negativen Folgen hat das Sparen für die Wirtschaft?

4.15 Welche drei Akteure kommen beim erweiterten Wirtschaftskreislauf dazu?

4.16 Welche Rolle spielen die Banken in unserer Wirtschaft?

4.17 Warum sind wir vom Handel mit dem Ausland abhängig?

4.18 Welche Fragen sind beim erweiterten Wirtschaftskreislauf immer noch ausgeklammert?

4.19 In welchem Wirtschaftssektor sind Sie tätig?

4.20 Welcher Sektor hat seit 1860 viele Arbeitskräfte verloren, in welchem Sektor wurden viele Arbeitsstellen geschaffen?

4.21 Welchen Stellenwert haben die drei Wirtschaftssektoren in einem hochentwickelten Land?

4.22 Beschreiben Sie einen möglichen Interessenkonflikt beim Produktionsfaktor Boden am Beispiel eines beliebten Feriendorfes in den Schweizer Bergen.

4.23 Wie lassen sich Wohlstand und Wohlfahrt einfach umschreiben?

4.24 Was wird mit dem BIP gemessen?

4.25 Wie kommt man vom nominalen zum realen BIP? Warum gibt es zwei Begriffe?

4.26 Welche Bedeutung hat das BIP pro Kopf?

4.27 Was kann man aus der Lorenzkurve herauslesen?

4.28 Wie sieht die Einkommens- und Vermögensverteilung in der Schweiz aus?

4.29 Was sind die Unterschiede zwischen der freien Marktwirtschaft und der zentralen Planwirtschaft?

4.30 Was ist das Wesen der sozialen Marktwirtschaft?

Kapitel 4 | Mensch und Wirtschaft

4.31 Welches sind die wichtigsten drei Aufgaben des Staates in der sozialen Marktwirtschaft?

4.32 In welchen Bereichen kann der Markt versagen?

4.33 Welches sind die wesentlichen Ziele der Wirtschaftspolitik?

4.34 Mit welchen Massnahmen kann der Staat diese Ziele umsetzen?

4.35 Was verstehen Sie unter dem Begriff «Kaufkraft»?

4.36 Beschreiben Sie die Wirkung der Inflation in Bezug auf ein Sparkonto.

4.37 Wer profitiert, wer verliert bei der Inflation?

4.38 Warum ist die Stagflation eine gefürchtete Wirtschaftsentwicklung?

4.39 Wozu dient der LIK und auf welcher Basis entsteht der Index?

4.40 Wie sieht der ökologische Fussabdruck auf den einzelnen Kontinenten aus?

4.41 Der ökologische Fussabdruck der Schweiz ist fast viermal so gross wie die Biokapazität. Was bedeutet das?

4.42 Was ist der Hauptgrund, warum wir auf zu grossem Fusse leben?

4.43 Welche Folgen hat der dramatische Anstieg unseres Energieverbrauchs?

4.44 Warum gehört die Zukunft den erneuerbaren Energien?

4.45 In welchen Teilen der Erde besteht jetzt schon ein Mangel an Trinkwasser?

4.46 Welche Folgen hat das Fehlen von Trinkwasser und einer funktionierenden Abwasserentsorgung?

4.47 Was ist der Unterschied zwischen dem natürlichen und dem anthropogenen Treibhauseffekt?

4.48 Welche Folgen ergeben sich aus dem Klimawandel?

4.49 Warum werden die CO_2-Emissionen weltweit eher noch zunehmen?

Kapitel 4 | Mensch und Wirtschaft

4.50 Wie können unser Energieverbrauch und unser CO_2-Ausstoss verringert werden?

4.51 Was möchte man mit einer CO_2-Abgabe auf Treibstoffe erreichen?

4.52 Wie will man die 2000-Watt-Gesellschaft erreichen?

4.53 Was bedeutet «Nachhaltigkeit»?

4.54 Auf welchen verschiedenen Gebieten sollten wir uns nachhaltig verhalten?

Aufgaben

Nachfrage – Angebot – Markt

A1 Warum muss man vor dem Bedürfnis «seine Persönlichkeit entfalten» zuerst grundlegende Bedürfnisse wie Nahrung, Schlaf usw. befriedigt haben? Notieren Sie Ihre Antwort in vollständigen Sätzen.

A2 Erklären Sie mit Beispielen aus Ihrem Alltag, was mit den Begriffen aus der Bedürfnispyramide nach Maslow gemeint ist.

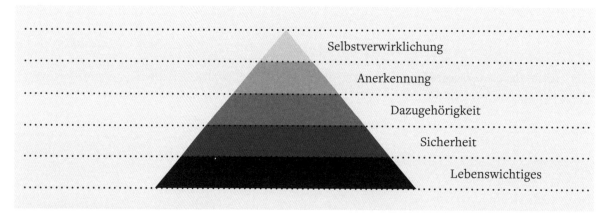

Begriff	Beispiel
Lebenswichtiges	
Sicherheit	
Dazugehörigkeit	
Anerkennung	

Kapitel 4 | Mensch und Wirtschaft

Begriff	Beispiel
Selbstverwirklichung	

A3 Entscheiden Sie, welche Bedürfnisarten angesprochen werden und kreuzen Sie entsprechend an.

Aussage	Grund-bedürfnis	Wahl-bedürfnis	Individual-bedürfnis	Kollektiv-bedürfnis	Materielles Bedürfnis	Immaterielles Bedürfnis
Die Bäckerei hat frisches Brot im Regal.	☐	☐	☐	☐	☐	☐
Sie besuchen Ihre Grossmutter im Spital.	☐	☐	☐	☐	☐	☐
Gamen am Computer macht Spass.	☐	☐	☐	☐	☐	☐
Harry legt seinen VW Golf tiefer.	☐	☐	☐	☐	☐	☐
Bio-Tomaten sind besser als Horssol-Tomaten.	☐	☐	☐	☐	☐	☐
Toni schreibt seiner Freundin einen Brief.	☐	☐	☐	☐	☐	☐
Tanja sammelt am Strand weisse Muscheln.	☐	☐	☐	☐	☐	☐
Die Windbreaker waren sofort ausverkauft.	☐	☐	☐	☐	☐	☐

A4 Je nach Art und Verwendung teilt man die Güter in unterschiedliche Kategorien ein. Kreuzen Sie an, in welche Kategorien das jeweilige Gut passt.

Gut	Wirtschaftliches Gut	Freies Gut	Sachgut	Dienstleistung	Konsumgut	Investitionsgut	Gebrauchsgut	Verbrauchsgut
Aufwind beim Gleitschirmfliegen	☐	☐	☐	☐	☐	☐	☐	☐
Das Auto des Pizza-Kuriers	☐	☐	☐	☐	☐	☐	☐	☐
Goldbarren im Tresor	☐	☐	☐	☐	☐	☐	☐	☐
Die Banane im Früchtekorb	☐	☐	☐	☐	☐	☐	☐	☐

Gut	Wirtschaftliches Gut	Freies Gut	Sachgut	Dienstleistung	Konsumgut	Investitionsgut	Gebrauchsgut	Verbrauchsgut
Die Arbeit der Logistiker	☐	☐	☐	☐	☐	☐	☐	☐
Das Familienauto	☐	☐	☐	☐	☐	☐	☐	☐
Der Kriminalroman von Mankell	☐	☐	☐	☐	☐	☐	☐	☐
Der Akku im Handy	☐	☐	☐	☐	☐	☐	☐	☐
Arbeit des Hausarztes	☐	☐	☐	☐	☐	☐	☐	☐
Goldflitter im Fluss	☐	☐	☐	☐	☐	☐	☐	☐

A5 Setzen Sie im folgenden Text die zutreffenden Begriffe in die Lücken.
teuer, steigt, hoch, steigende, sinken, Preise (2x), Markt, Angebot, Preis, Nachfrage (2x)

Die _____ von Gütern bilden sich auch aufgrund von _____ und _____. Ist ein Gut sehr knapp, ist sein _____ entsprechend _____. _____ Preise haben eine sinkende _____ zur Folge. Umgekehrt _____ die Nachfrage, wenn die _____. Produkte oder Dienstleistungen des täglichen Lebens können sich auf dem _____ nicht behaupten, wenn sie zu _____ sind.

A6 a) Stellen Sie das Marktgleichgewicht grafisch dar. Verwenden Sie dazu die Nachfrage- und Angebotskurve.

b) Beschreiben Sie die Situation im Marktgleichgewicht in zwei bis vier vollständigen Sätzen. Verwenden Sie die Begriffe *Angebot*, *Nachfrage* und *Gleichgewichtspreis*.

Der Wirtschaftskreislauf und seine Teilnehmer

A7 Erläutern Sie aus eigener Betroffenheit, warum der Güterstrom und der Geldstrom im Wirtschaftskreislauf in entgegengesetzter Richtung laufen.

A8 Beschreiben Sie einen Zielkonflikt bei der Nutzung von Boden/Umwelt als einer der Produktionsfaktoren anhand eines praktischen Beispiels in der Schweiz.

A9 Setzen Sie die passende Art von Kapital ein.

Situation	Kapitalart
Ihr Betrieb schickt Sie in einen Weiterbildungskurs.	
Das Unternehmen nimmt am Finanzmarkt Geld auf.	
Die Firma beschafft neue Servicefahrzeuge.	

A10 a) Setzen Sie die passenden Akteure des erweiterten Wirtschaftskreislaufes so ein, dass der Geldstrom von links nach rechts fliesst.

Teilnehmer	Geldstrom	Teilnehmer
	→ Zahlung für Importe →	
	→ Steuern →	
	→ Zahlungen für Güter und Dienstleistungen →	
	→ Zahlung für Exporte →	
	→ Löhne, Zinsen, Gewinne →	

b) Beschriften Sie die Geldströme in der nachfolgenden Grafik.

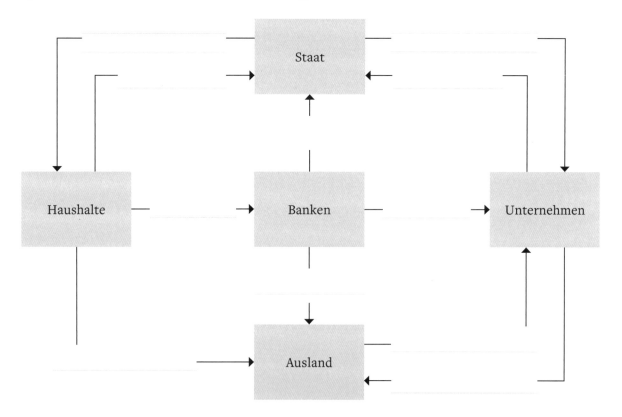

A11 Beschreiben Sie in vollständigen Sätzen, warum man bei Banken von «too big to fail» spricht.

A12 Ordnen Sie die Branchen/Berufe den Wirtschaftssektoren zu. Verbinden Sie jede Branche/jeden Beruf mit dem passenden Sektor.

Sektor	Branche/Beruf
1. Sektor	Versicherungen
	Schreinerei
	Fahrzeuggarage
	Bauern
2. Sektor	Hausärzte
	Baugeschäfte
	Forstwarte
	Hotelbetriebe
3. Sektor	Berufsfischer
	Gemeindeverwaltung
	Banken

A13 Die Schweiz hat sich seit 1860 von einer Agrarwirtschaft über die Industriewirtschaft zu einer Dienstleistungswirtschaft entwickelt. Welche Auswirkungen hat dies auf die Zahl der Erwerbstätigen in den drei Sektoren?

A14 Was können Sie und was kann der Staat zur Stärkung des Wirtschaftsstandortes Schweiz beitragen, damit die hohe Lebensqualität in unserem Land erhalten bleibt?

Sie:

Der Staat:

Die Messung der Wirtschaftsaktivität

A15 Erläutern Sie, warum zum Beispiel Arbeiten im Haushalt oder Vereinsarbeit vom BIP nicht erfasst werden.

A16 Im Artikel 2 der Bundesverfassung steht, dass die Schweiz die gemeinsame Wohlfahrt fördert. Welche vier Bereiche – neben der Wirtschaftsaktivität – sind damit gemeint?

A17 Die Lorenzkurve zeigt die Einkommens- und Vermögensverteilung in einem Land.

a) Beenden Sie den Satz in Bezug auf die Verteilung von Einkommen und Vermögen in einem Land.

Je «bauchiger» die Kurve verläuft, desto

b) Welche Bedeutung hat eine «bauchige» Kurve in Bezug auf den sozialen Frieden des Landes?

Die Rolle des Staates

A18 Ordnen Sie die Aussagen den Wirtschaftssystemen zu.
A = Freie Marktwirtschaft, B = Zentrale Planwirtschaft

	Totale staatliche Kontrolle
	Das Gewinnstreben ist der Motor der Wirtschaft.
	Das Streben nach persönlichem Gewinn fördert den Nutzen der Gemeinschaft.
	Was produziert werden soll, entscheidet eine staatliche Planstelle.
	Keine staatlichen Eingriffe
	Anreiz zum Wirtschaften bilden Auszeichnungen und Strafen.
	Die Steuerung der Volkswirtschaft erfolgt über eine staatliche Bürokratie.
	Im Zentrum stehen die Freiheit und das Interesse jeder einzelnen Person.

A19 Setzen Sie hinter jede Staatsaufgabe ein passendes Beispiel aus der Praxis.

Staatsaufgabe	Beispiel
Durchsetzung des Rechtssystems	
«Gerechte» Verteilung	
Korrektur von Marktversagen	

A20 Entscheiden Sie, welche Form von Marktversagen zu welchem Beispiel gehört.
Externe Kosten, Öffentliche Güter, Kein Wettbewerb

Beispiel	Marktversagen
Die Wettbewerbskommission prüft die Fusion von zwei grossen Firmen in Bezug auf ihre Monopolstellung.	
Wer seine Zigarette auf dem Pausenareal achtlos wegwirft, wird mit einer Busse bestraft.	
Die Gemeinde setzt das Personal des Bauamtes ein, damit auch im Winter die Mobilität möglichst nicht eingeschränkt wird.	

A21 Erläutern Sie in zwei bis drei vollständigen Sätzen, wie es zu einem Staatsversagen kommen kann.

A22 Ordnen Sie das wirtschaftliche Verhalten der entsprechenden Konjunkturphase zu.

	Aufschwung	Hochkonjunktur	Rezession	Depression
Die Nachfrage geht zurück.	☐	☐	☐	☐
Die Arbeitslosenzahlen sind rückläufig.	☐	☐	☐	☐
Die Börsenkurse fallen.	☐	☐	☐	☐
Die Arbeitslosigkeit nimmt stark zu.	☐	☐	☐	☐
Investitionen bleiben aus.	☐	☐	☐	☐
Die Wirtschaft ist voll ausgelastet.	☐	☐	☐	☐
Die Aufträge nehmen zu.	☐	☐	☐	☐
Es herrscht Vollbeschäftigung.	☐	☐	☐	☐

A23 Beschreiben Sie in vollständigen Sätzen zwei Massnahmen, mit denen der Staat auf die Konjunkturschwankungen reagieren kann.

A24 Setzen Sie im folgenden Text die zutreffenden Begriffe in die Lücken.
erhöhen, Teuerungsausgleich, Inflation, Renten, Kaufkraft, Verlierern, mehr, Krisen, Schuldner, Geld, Zinssatz, kaufen, Teuerung (2x), Wert, kleiner, Reallohn

Die Inflation ist eine Schwächung der _____. Wenn die Preise laufend steigen, spricht man von _____ oder eben _____. Insbesondere in _____-Zeiten verliert das _____ schnell an _____.
Herrscht Inflation, kann ich mit meinem Lohn nicht mehr gleich viel _____. Die Gleichung dazu heisst: Nominallohn (Lohnausweis) − Teuerung = _____.
Mit dem _____ bleibt die Kaufkraft erhalten.
Rentner gehören zu den _____ bei der Inflation, weil die Pensionskassen die _____ nicht ständig der _____ anpassen. Wenn die Inflationsrate grösser ist als der _____ auf Sparkapital, wird das Vermögen der Sparer immer _____. Schuldet ein Schuldner einem Gläubiger Geld, profitiert bei einer Inflation nur der _____. Der Staat ist sowohl Gewinner als auch Verlierer: Einerseits _____ sich seine Steuereinnahmen, andererseits muss er für Güter und Löhne auch _____ ausgeben.

A25 Nennen Sie die fünf grössten Ausgabenkategorien der privaten Haushalte im «Warenkorb» (aktueller Landesindex der Konsumentenpreise, Stand: 2023).

A26 Welche Aussagen zur Rolle der SNB sind richtig, welche falsch?

Aussage	richtig	falsch
Die SNB macht Geldpolitik im Interesse des Landes.	☐	☐
Wenn der Staat mehr Geld braucht, lässt die SNB die Druckmaschinen laufen.	☐	☐
Das Ziel der SNB ist, die Inflation zwischen 0 und 2% zu halten.	☐	☐
Meine Ersparnisse deponiere ich bei der SNB. Dort ist das Geld am sichersten.	☐	☐
Das Ziel der SNB ist eine ausgewogene konjunkturelle Entwicklung des Landes.	☐	☐
Die SNB versucht eine Überhitzung oder eine Rezessionen der Wirtschaft zu verhindern.	☐	☐

A27 Welche Aussagen zur nachhaltigen Staatsfinanzierung sind richtig, welche falsch?

Aussage	richtig	falsch
Um Schulden zu bezahlen, kann der Staat die SNB auffordern, mehr Geld zu drucken.	☐	☐
Die Schuldenbremse bedeutet, dass der Staat keine Schulden mehr machen darf.	☐	☐
Nachhaltig meint, dass die nächste Generation auch noch Schulden haben soll.	☐	☐
In wirtschaftlich guten Zeiten soll der Staat Rückstellungen machen.	☐	☐
In einer Rezession darf der Staat ein Defizit in der Höhe der Rückstellungen machen.	☐	☐
Braucht der Staat mehr Geld, kann er einfach die Steuern erhöhen.	☐	☐
Die Schuldenbremse wirkt nur in einer wirtschaftlichen Depression.	☐	☐
Nachhaltigkeit bedeutet, dass die Schulden nicht einfach auf die nächste Generation abgewälzt werden sollen.	☐	☐
Die Schuldenbremse wirkt über einen ganzen Konjunkturzyklus.	☐	☐

Das Spannungsfeld zwischen Ökonomie und Ökologie

A28 Setzen Sie im folgenden Text die zutreffenden Begriffe in die Lücken.
viermal, belastet (2x), Natur, Umwelt, Biokapazität, Rohstoffe, Person, globale Hektaren, globalen, nachhaltig, Abdruck, abzubauen, stärker, Schadstoffe, eine

Der ökologische Fussabdruck macht deutlich, wo der _____ die _____

wie stark _____ . Das Resultat wird mit der _____ Hektare aus-

gedrückt. Je grösser der _____ , desto _____ ist die Umwelt

_____ .

Die Biokapazität ist die Fähigkeit der _____ , _____ zu erzeugen und

_____ .

Stimmen ökologischer Fussabdruck und Biokapazität überein, wirtschaftet der Mensch

_____ .

Die Schweiz verbraucht gegenwärtig sechs _____ pro Person. Die Biokapazität be-

trägt aber nur etwas mehr als _____ globale Hektare pro

_____ . Der ökologische Fussabdruck der Schweiz ist also _____ so gross wie ihre

_____ .

A29 Welche Aussagen zum steigenden Energieverbrauch sind richtig, welche falsch?

Aussage	richtig	falsch
Der Energieverbrauch der Industrieländer nimmt seit den 1970er-Jahren weiterhin stark zu.	☐	☐
Die stetig wachsende Weltbevölkerung führt zu einem dramatischen Energieverbrauch.	☐	☐
55% des weltweiten Energiebedarfs werden mit nicht erneuerbaren fossilen Energieträgern abgedeckt.	☐	☐
Erneuerbare Energieträger sind Sonne, Wind und Geothermie.	☐	☐
Die Schweiz hat als Wasserschloss Europas kein Energieproblem.	☐	☐
Der Einsatz von fossilen Energieträgern führt weltweit zur Erwärmung des Klimas.	☐	☐
Die Schweiz ist in der Nutzung erneuerbarer Energieträger führend.	☐	☐

A30 a) Warum müssten wir mit dem Wasser sorgfältiger umgehen, wenn doch die Erdoberfläche zu zwei Dritteln aus Wasser besteht? Schreiben Sie vollständige Sätze und verwenden Sie die Begriffe *Salzwasser*, *Süsswasser* und *Trinkwasser*.

b) Nennen Sie die drei «Nassbereiche», wo wir am meisten Trinkwasser «verschwenden».

A31 Welche Aussagen zu den Folgen des Treibhauseffekts sind richtig, welche falsch?

Aussage	richtig	falsch
Die Zunahme von Felsstürzen ist mit dem fehlenden Permafrost zu erklären.	☐	☐
Wenn das Eis an den Polen abschmilzt, hat das kaum Auswirkungen auf die Küstenregionen der Weltmeere.	☐	☐
Höhere Temperaturen des Meerwassers begünstigen die Hurrikan-Bildung. Küstenregionen sind zunehmend gefährdet.	☐	☐

A32 Setzen Sie hinter jedes umweltpolitische Instrument ein Beispiel aus der Praxis.

Instrument	Beispiel
Verbote	
Appelle	
Nachsorge	
Anreize	

A33 Setzen Sie im folgenden Text die zutreffenden Begriffe in die Lücken.
Ressourcen (2x), ökologischen, Substanz, Bedürfnisse, Gesellschaft (2x), Verschwendung, Erträgen, Generationen, Nachhaltigkeit

Nachhaltige Wirtschaftsentwicklung befriedigt _____ der gegenwärtigen _____, ohne damit die Bedürfnisse späterer _____ zu gefährden. Nachhaltigkeit steht im Gegensatz zu _____ und Plünderung von _____. Nachhaltigkeit heisst von den _____ leben, nicht von der _____. Die Artenvielfalt der Tiere oder das Klima zu schützen, gehört zur _____ Nachhaltigkeit. Mit sozialer _____ meint man zum Beispiel eine lebenswerte _____ für alle. Verantwortungsvoller Umgang mit den natürlichen _____ bedeutet auch ökonomische Nachhaltigkeit.

Wissen anwenden

Hinweis: Die Antworten zu den Fragen, die mit einem Ja oder Nein beantwortet werden können, müssen Sie begründen.

W1 Die Bedürfnisse des Menschen sind praktisch unbeschränkt.
Stellen Sie die Vielfalt Ihrer ganz persönlichen Bedürfnisse in einer Collage dar.

W2 Die Güter werden auf vier verschiedenen Ebenen unterschieden.
Zeigen Sie auf, auf welcher Seite der unterschiedlichen Ebenen Ihr Beruf jeweils zugeordnet werden kann.

W3 Angebot und Nachfrage beeinflussen den Preis und die abgesetzte Menge.
Suchen Sie zu jedem der unten stehenden Beispiele ein real mögliches Ereignis.
Beschreiben Sie zusätzlich die Auswirkungen auf den Preis und die abgesetzte Menge.
a) Bei gleichbleibendem Nachfrageverhalten verringert sich das Angebot.

b) Bei gleichbleibendem Nachfrageverhalten wird das Angebot ausgedehnt.

c) Bei gleichbleibendem Angebot nimmt die Nachfrage zu.

d) Bei gleichbleibendem Angebot geht die Nachfrage zurück.

Kapitel 4 | Mensch und Wirtschaft

W4 Ihre Rolle im erweiterten Wirtschaftskreislauf ist vielfältig.
Beschreiben Sie die Vielfältigkeit Ihrer Rolle mit den entsprechenden Fachbegriffen.

W5 Der Staat nimmt eine besondere Stellung im erweiterten Wirtschaftskreislauf ein.
Beschreiben Sie die Bedeutung des Staates für das wirtschaftliche Geschehen in der Schweiz.

W6 Um eine ganzheitliche Sicht unseres Wirtschaftsgeschehens zu erhalten, muss man die Auswirkungen auf die Umwelt und auf das soziale Leben mit einbeziehen.
Beurteilen Sie Ihre berufliche Tätigkeit aufgrund dieser beiden Sichtweisen.

W7 Auch Ihr Lehrbetrieb erarbeitet Güter oder Dienstleistungen aufgrund der Produktionsfaktoren Arbeit, Boden, Kapital.
Beschreiben Sie, welche Produktionsfaktoren in welcher Form in Ihrem Lehrbetrieb eingesetzt werden.

W8 Die Schweiz hat sich seit 1860 von einer Agrargesellschaft zu einer Dienstleistungsgesellschaft entwickelt.
Beschreiben Sie die Sektorenverteilung
a) in Entwicklungsländern,

b) in Schwellenländern.

Begründen Sie die einzelnen Verteilungen.

W9 Die Lebensqualität wird über verschiedene Indikatoren gemessen.
Suchen Sie neben den erwähnten noch weitere Indikatoren, welche Aufschluss über die Lebensqualität geben können.

W10 Auf der Lorenzkurve kann man die prozentuale Einkommens- und Vermögensverteilung ablesen. Die Vermögensverteilungskurve ist «bauchiger» als die Einkommensverteilungskurve.
Welche Schlüsse können Sie aus dieser Tatsache ablesen?
Wie erklären Sie sich den unterschiedlichen Verlauf der Kurven?

W11 In der sozialen Marktwirtschaft greift der Staat auf verschiedenen Gebieten mit Gesetzen ins Marktgeschehen ein (z. B. Umweltschutzgesetze, Kartellrecht, Sozialversicherungen).
Beurteilen Sie die Notwendigkeit dieser Einflussnahme in den verschiedenen Gebieten aus Ihrer persönlichen Sicht.

W12 Der ökologische Fussabdruck der Schweiz ist mehr als viermal so gross wie die Biokapazität, das heisst, wir belasten die Umwelt stärker, als sie sich regenerieren kann. Anders ausgedrückt: Wenn alle Menschen auf der Welt so leben würden wie wir, bräuchte es drei Welten.
a) Berechnen Sie auf der Internetseite *www.wwf.ch* Ihren eigenen Fussabdruck.

b) Wo sehen Sie Möglichkeiten, den Fussabdruck der Schweiz zu verringern?

W13 Der Energiehunger der Welt wird zu 75 Prozent durch die nicht erneuerbaren Energieträger gestillt, was zu einer globalen Erwärmung führt.
a) Welche Folgen hat die globale Erwärmung weltweit?

b) Welche Folgen hat die globale Erwärmung für die Schweiz?

W14 Während Hunderte Millionen Menschen kein sauberes Trinkwasser haben, gehen wir verschwenderisch damit um.
Wie könnten Sie Ihren ganz persönlichen Wasserverbrauch verringern?

W15 Das Modell der 2000-Watt-Gesellschaft sieht vor, den Energiebedarf pro Kopf auf 2000 Watt zu senken.
Welche Auswirkungen hätte das für die Schweizer Bevölkerung? Wie könnten wir Energie sparen?

W16 Die Schweiz verhält sich auf verschiedenen Gebieten nicht nachhaltig.
Auf welchen Gebieten verhalten wir uns Ihrer Meinung nach nicht nachhaltig?
Wie könnten nachhaltige Lösungsvorschläge auf diesen Gebieten aussehen?

Kapitel 4 | Mensch und Wirtschaft

Kreuzworträtsel

X1

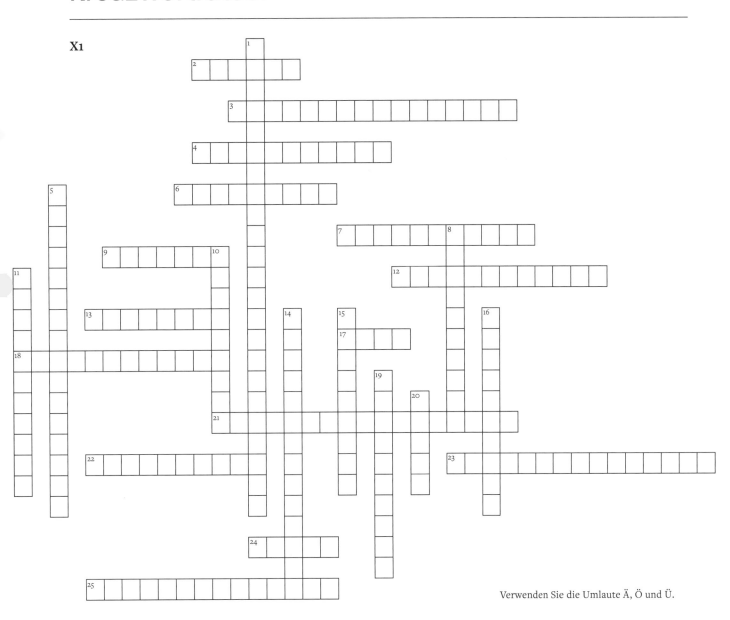

Verwenden Sie die Umlaute Ä, Ö und Ü.

Waagrecht
2. Eine Branche im 3. Wirtschaftssektor
3. Folgen des Klimawandels in unseren Bergen
4. Schlimmste Folge der Inflation
6. Ein Konjunkturzyklus geprägt von rückläufigen Auftragszahlen und Stellenabbau
7. Güter, die der direkten Bedürfnisbefriedigung dienen
9. Humankapital/geistige Arbeit: «Gewusst wie»
12. Eine Funktion des Geldes
13. Verhindern den freien Wettbewerb
17. Ein freies Gut
18. Macht die Geldpolitik im Gesamtinteresse der Schweiz
21. Der amerikanische Psychologe Maslow entwickelte die ...
22. Ein Schwachpunkt der Schweizer Wirtschaft
23. Der Kohlendioxid-Ausstoss erhöht den ...
24. Der Ort, wo Angebot und Nachfrage zusammentreffen
25. Wenn man nur so viel Holz schlägt, wie durch Aufforstung nachwachsen kann, so handelt man im Sinne der ...

Senkrecht
1. Zeigt, wie stark der Mensch die Umwelt belastet (2 Worte)
5. Wenn man für gleich viel Geld weniger kaufen kann, spricht man von ...
8. Produktionsfaktoren, Waren und Dienstleistungen gehören im Wirtschaftskreislauf zum ...
10. Braucht man, um den Landesindex für Konsumentenpreise zu berechnen
11. Zeigt grafisch die Verteilung von Einkommen und Vermögen in einem Land
14. Dass sinkende Preise unsere Bereitschaft erhöhen, das Produkt zu kaufen, zeigt die ...
15. Verlierer bei Inflation
16. Ein immaterielles Bedürfnis
19. Damit lässt sich die Wirtschaftsaktivität verschiedener Länder miteinander vergleichen (3 Worte)
20. Nicht erneuerbarer Energieträger

Lernaufgabe

Mein ökologischer Fussabdruck

L1 Ausgangslage
Die Schlagzeilen zum Klimawandel sind allgegenwärtig. Es ist klar, dass wir in Zukunft umsichtiger mit unserer Umwelt umgehen müssen. Wir alle können im Kleinen etwas dazu beitragen.

Lernziele
Sie können Ihren eigenen Umgang mit der Umwelt reflektieren.

Auftrag
Erarbeiten Sie die Aufträge allein, halten Sie Ihre Gedanken und Resultate schriftlich fest.

Produkt
Schriftliche Notizen

Vorgehen
1. Sie erarbeiten die Aufträge allein.
2. Lesen Sie die Lernaufgabe genau durch und klären Sie Fragen mit der Lehrperson.
3. Halten Sie Ihre Antworten schriftlich fest.
4. Besprechen Sie die Resultate im Plenum.

Arbeitsaufträge
1. Gehen Sie auf die Internetseite *https://hep.plus/gesbah-footprint-rechner*, beantworten Sie die aufgeführten Fragen. Betrachten Sie Ihr persönliches Ergebnis. Wie viele Erden brauchen Sie? Schreiben Sie Ihr Resultat auf.
2. Erklären Sie in eigenen Worten, was dieses Resultat bedeutet.
3. Öffnen Sie die detaillierte Auswertung Ihres Fussabdruckes. Schauen Sie die grafische Auswertung «Ihr Fussabdruck aufgeteilt auf die verschiedenen Lebensbereiche» an. In welchem Bereich gibt es Auffälligkeiten? Was erstaunt Sie? Womit haben Sie gerechnet?
4. Halten Sie Ihre Gedanken schriftlich fest.
5. Gibt es Bereiche in Ihrem Leben, wo Sie ökologischer mit der Umwelt umgehen können? Schreiben Sie einen Punkt auf, welchen Sie für sich persönlich umsetzen möchten.

Kapitel 5
Staat und Politik

Das weiss ich jetzt!	114
Aufgaben	121
Wissen anwenden	131
Kreuzworträtsel	137
Lernaufgabe	138

Das weiss ich jetzt!

5.1 Was bedeutet der Begriff «Föderalismus»?

5.2 Was grenzt die Demokratie von der Diktatur ab?

5.3 Was versteht man unter dem Begriff «Menschenrecht»?

5.4 Warum betrifft ein Teil der staatsbürgerlichen Pflichten auch niedergelassene Ausländerinnen und Ausländer?

5.5 Beschreiben Sie den Unterschied zwischen Stimmen und Wählen.

5.6 Was heisst «aktives»/«passives Wahlrecht»?

5.7 Erklären Sie die Begriffe «absolutes Mehr»/«relatives Mehr».

5.8 Wann spricht man von einem qualifizierten Mehr?

Kapitel 5 | Staat und Politik

5.9 Beschreiben Sie den Unterschied zwischen Volksmehr und Ständemehr.

5.10 Wann braucht es das doppelte Mehr?

5.11 Wann wird das Majorzwahlverfahren angewendet?

5.12 In welchem Fall findet im Majorzwahlverfahren ein zweiter Wahlgang statt?

5.13 Wann kommt es zu einer stillen Wahl?

5.14 Warum werden die meisten Parlamente im Proporzwahlverfahren gewählt?

5.15 Was bedeutet kumulieren und panaschieren?

5.16 Wann kommt es zu einem obligatorischen Referendum?

5.17 Welches Mehr benötigt das obligatorische Referendum?

5.18 Welche Bedingungen müssen erfüllt sein, damit ein fakultatives Referendum zustande kommt?

5.19 Was bezweckt das fakultative Referendum?

5.20 Welche Mehrheit braucht das fakultative Gesetzesreferendum zur Annahme?

5.21 Was bewirkt eine Volksinitiative auf Bundesebene?

5.22 Welche Bedingungen müssen erfüllt sein, damit eine Initiative zustande kommt?

5.23 Welches Mehr benötigt die Volksinitiative, damit sie angenommen wird?

5.24 Welche zusätzlichen Initiativen kennen die Kantone?

5.25 Welche Bedeutung haben die Parteien?

5.26 Welche vier Grundhaltungen lassen sich bei den Parteien unterscheiden?

5.27 Für welche Werte stehen diese vier Grundhaltungen?

5.28 Worin unterscheiden sich die vier Regierungsparteien?

5.29 Wie heisst die fünftstärkste Partei?

5.30 Wie viele Sitze belegen die vier grössten Parteien im Nationalrat, wie viele im Ständerat?

5.31 Warum engagieren sich Verbände in der Politik?

5.32 Welche Interessen vertreten die Verbände?

Kapitel 5 | Staat und Politik

5.33 Was sind Gewerkschaften?

5.34 Was sind NGO?

5.35 Warum ist der politische Einfluss der Verbände in der Politik gross?

5.36 Welches sind die drei Staatsgewalten?

5.37 Was soll mit der Trennung der drei Gewalten erreicht werden?

5.38 Warum werden die Massenmedien als vierte Gewalt bezeichnet?

5.39 Aus wie vielen Räten besteht das Schweizer Parlament?

5.40 Wie viele Nationalratssitze stehen einem Kanton im Minimum zu?

5.41 Nach welchem Wahlsystem wird in der Regel der Nationalrat, nach welchem der Ständerat gewählt?

5.42 Welches sind die vier Hauptaufgaben des Parlaments?

5.43 Welche Bedeutung hat eine Fraktion?

5.44 Warum gibt es parlamentarische Kommissionen, welche die Ratsgeschäfte vorbereiten?

5.45 Was versteht man unter «Vereinigte Bundesversammlung»?

5.46 Was ist eine Session?

5.47 Wie lautet die parteipolitische Zusammensetzung des Bundesrats?

5.48 Nennen Sie drei Aufgaben des Bundesrats.

5.49 Beschreiben Sie das Kollegialitätsprinzip.

5.50 Wie heissen die sieben Departemente der Bundesverwaltung?

5.51 Welche Aufgaben hat die Bundeskanzlei?

5.52 Welche Bedeutung haben die Entscheide des Bundesgerichts?

5.53 Wie unterscheiden sich die drei Prozessarten?

5.54 Von wem kommt meistens die Anregung für ein neues Bundesgesetz?

Kapitel 5 | Staat und Politik

5.55 Welches ist die Aufgabe der Expertenkommission?

5.56 Wer berät und beschliesst neue Gesetze beim Bund?

5.57 Wann gibt es ein Differenzbereinigungsverfahren?

5.58 Warum tritt ein Bundesgesetz frühestens nach 100 Tagen in Kraft?

5.59 Warum muss der Staat speziell die Schwächeren in unserer Gesellschaft schützen?

5.60 Was bedeutet: «Wir sind der Staat»?

5.61 Welches sind die wichtigsten Einnahmequellen des Bundes?

5.62 Wofür gibt der Bund das meiste Geld aus?

5.63 Was ist der Unterschied zwischen direkten und indirekten Steuern?

5.64 Was soll mit der Steuerprogression erreicht werden?

5.65 Welche Unterlage hilft Ihnen, wenn beim Ausfüllen der Steuererklärung Unklarheiten auftauchen?

5.66 Wie berechnen Sie das steuerbare Einkommen bzw. Vermögen?

5.67 Wie funktioniert die Verrechnungssteuer?

5.68 Was soll mit der Verrechnungssteuer verhindert werden?

5.69 Wie funktioniert die Mehrwertsteuer?

Aufgaben

Die Schweiz gestern und heute

A1 Beschreiben Sie in vollständigen Sätzen, wie die «Zusammenarbeit» auf dem Gebiet der Schweiz vor dem Einmarsch der französischen Truppen 1798 organisiert war.
Verwenden Sie die Begriffe *Stadt- und Land-Orte, zugewandte Orte, Untertanengebiete, Bündnisse, Abwehr, Machtsicherung* und *Eidgenossenschaft*.

A2 Beschreiben Sie in vollständigen Sätzen, was Napoleon als Vermittler zu Beginn des 19. Jahrhunderts in der Helvetischen Republik durchgesetzt hatte.
Verwenden Sie die Begriffe *Kulturen, Einheitsstaat, Zentralregierung, Untertanengebiete* und *gleichberechtigte Kantone*.

A3 Auf welches Ereignis ist die «immerwährende bewaffnete Neutralität» der Schweiz zurückzuführen? Formulieren Sie zwei bis drei vollständige Sätze.

A4 Setzen Sie im folgenden Text die zutreffenden Begriffe in die Lücken.
UNO-, Demokratie, 1848, Frauenstimmrecht, Referendums-, wichtigsten politischen Strömungen, Bundesstaat, Initiativ-, EU, 2. Weltkrieg, Kantone, Bilaterale Verträge, Bundesrat, Volk

Die Schweiz wurde _____ zu einem _____ umgestaltet. Die _____ behielten dabei eine grosse Selbstständigkeit. Wenige Jahrzehnte später wurden das _____ Recht und das _____ Recht eingeführt, zwei Rechte, die noch heute die _____ als Regierungsform der Schweiz von anderen unterscheidet. Während die AHV bereits kurz nach dem _____ eingeführt wurde, konnte Mann/Frau das _____ auf nationaler Ebene erst 1971 feiern! Unterdessen wurde die Zauberformel geboren, welche zum Ausdruck bringt, dass die _____ im _____ vertreten sein sollen.

Trotz Bedenken wegen der Neutralität stimmte das Schweizer _____ dem _____ Beitritt in einer Referendumsabstimmung 2002 zu, während bisher alle Annäherungsversuche an die _____ scheiterten. _____ regeln die Beziehung zur Europäischen Union.

A5 Streichen Sie die nicht zutreffenden Aussagen durch.

a) Die Schweiz zählt gegenwärtig rund 7 / 8,9 / 10,5 Millionen Einwohner.

b) Weniger als 20% / Rund ein Viertel / Mehr als ein Drittel davon sind Ausländer.

c) Wie viele Kantone gibt es? 20 Vollkantone / 23 Kantone / 26 Kantone / 6 Halbkantone.

d) Die Fläche der Schweiz beträgt rund 4000 / 40000 / 400000 Quadratkilometer.

e) Der Alpenraum nimmt rund $1/3$ / $2/3$ / $1/2$ der Gesamtfläche ein.

f) Rätoromanisch ist eine / keine offizielle Landessprache.

g) Deutsch wird knapp zweimal / dreimal / achtmal / zwanzigmal so häufig gesprochen wie Italienisch.

h) Französisch sprechen rund 10% / 20% / 30% / 40% der Schweizer Bevölkerung.

i) Die Schweiz ist eine repräsentative / halbdirekte / direkte Demokratie.

j) Die Schweiz grenzt an vier / fünf / sechs Nachbarstaaten.

k) Die Schweiz ist ein / kein Binnenstaat.

Der Bundesstaat Schweiz

A6 Ordnen Sie die folgenden Beispiele der richtigen Staatsform zu.
Italien, NATO, Deutschland, OPEC, Schweiz, Frankreich, Österreich, UNO

Staatsform	Beispiele
Bundesstaat	
Staatenbund	
Einheitsstaat	

Kapitel 5 | Staat und Politik

A7 Ordnen Sie die Aufgaben Bund, Kanton oder Gemeinde zu.

Ebene	Aufgabe
Bund	Aussenpolitik
	Feuerwehr
	Polizei
	Bau von Schulhäusern
Kanton	Militär
	Berufsbildung
	Kehrichtabfuhr
Gemeinde	Schule
	Wasserversorgung
	Zoll
	Gesundheitswesen

A8 Ordnen Sie die Merkmale den zwei Regierungsformen zu.

Merkmal	Demokratie	Diktatur
Die Staatsgewalt ist aufgeteilt.	☐	☐
Politisch Andersdenkende werden verfolgt.	☐	☐
Manipulierte Scheinwahlen	☐	☐
Politischer Wettbewerb zwischen Parteien	☐	☐
Desinformation durch staatlich kontrollierte Medien	☐	☐
Bürgerrechte sind garantiert.	☐	☐

Mitwirkungsrechte und Pflichten

A9 Ordnen Sie die Beispiele den Mitwirkungsrechten / Pflichten zu.
GM = Grundrechte / Menschenrechte, SR = Staatsbürgerliche Rechte,
SP = Staatsbürgerliche Pflichten, PR = Politische Rechte

	Steuerpflicht
	Niederlassungsfreiheit
	Stimm- und Wahlrecht
	Recht auf Leben
	Anspruch auf Grundschulunterricht
	Versicherungspflicht
	Schulpflicht
	Glaubens- und Gewissensfreiheit
	Schutz vor Ausweisung, Auslieferung und Ausschaffung

A10 Setzen Sie das passende Recht hinter die Aussagen.

Aussage	Recht
Mehr als 20% der Schweizer Bewohner sind konfessionslos.	
Ab 18 Jahren können Schweizerinnen und Schweizer in der Politik mitreden.	
Abtreibungen sind in der Schweiz nicht ohne Weiteres möglich.	
Sie können jederzeit eine der rund 2202 Gemeinden als Wohnort wählen.	
Männer und Frauen verdienen für gleiche Arbeit noch immer nicht überall gleich viel.	
So lange ich niemandem Schaden zufüge, kann ich sagen, was ich denke.	

Stimmen und Wählen

A11 Um welche Form von «Mehr» handelt es sich bei den Wahlsituationen?

Wahlsituation	Form von «Mehr»
Frau Moser hatte bei den Gemeindewahlen eine Stimme mehr als die Hälfte aller Stimmen erreicht.	
Über 50 % aller Schweizerinnen und Schweizer hatten die Initiative abgelehnt.	
Mehr als ²/₃ aller Vereinsmitglieder waren für die Anschaffung einer neuen Vereinsuniform.	
Das Volk und die Stände nahmen die Vorlage an.	
Herr Huber hatte von allen Kandidaten am meisten Stimmen erhalten.	
Nur sieben Kantone waren nicht für die Verfassungsänderung.	

A12 Welche der folgenden Aussagen zur Proporzwahl sind richtig?
Von einer Proporzwahl spricht man, wenn ...

☐ das Volks- und das Ständemehr verlangt werden.
☐ diejenige Person gewählt ist, welche die höchste Stimmenzahl erreicht hat.
☐ diejenige Person gewählt ist, die das absolute Mehr erreicht hat.
☐ die Sitzzuteilung im Verhältnis zur Parteistärke erfolgt.

A13 Die unten stehenden Wahllisten wurden verändert. Entscheiden Sie, ob die Aussagen richtig oder falsch sind. Korrigieren Sie die falschen Aussagen.

Liste 1 – Partei A	**Liste 2 – Partei B**	**Liste 3 – Partei C**	
1.1 Adelbert Alias	2.1 Franz Farian	3.1 Livio Langenegger	*1.1 Adelbert Alias*
1.2 Barbara Breton	2.2 Gabi Glitzer	*2.3 Heinz Hummer* 3.2 ~~Manuela Mischler~~	*3.2 Manuela Mischler*
1.1 Adelbert Alias 1.3 ~~Claudia Conzerto~~	*3.3 Nena Nauer* 2.3 ~~Heinz Hummer~~	3.3 Nena Nauer	
1.4 Damian Dinkel	*3.1 Livio Langenegger* 2.4 ~~Karin Kunstmann~~	2.2 3.4 *Gabi Glitzer*	

Aussage	richtig	falsch	Korrektur
Die Veränderungen auf der Liste 2 sind ungültig.	☐	☐	
Auf der Liste 1 wurde kumuliert.	☐	☐	
Partei B hat drei Parteistimmen.	☐	☐	
Damit die leere Liste gültig ist, müsste noch die Parteibezeichnung hineingeschrieben werden.	☐	☐	

A14 Nennen Sie …
a) zwei typische Wahlsituationen für eine Majorzwahl.

b) zwei typische Wahlsituationen für eine Proporzwahl.

Referendum und Initiative

A15 Ein obligatorisches Referendum benötigt das doppelte Mehr. Entscheiden Sie, bei welchem der folgenden Beispiele das doppelte Mehr erreicht ist.

Beispiel		Doppeltes Mehr
Volk:	1 200 000 Ja zu 1 100 000 Nein	☐
Stände:	11 Kantone Ja zu 12 Kantone Nein	
Volk:	1 200 000 Ja zu 1 100 000 Nein	☐
Stände:	11½ Kantone Ja zu 11½ Kantone Nein	
Volks:	1 200 000 Ja zu 1 100 000 Nein	☐
Stände:	12 Kantone Ja zu 11 Kantone Nein	

A16 Referendum und Initiative haben unterschiedliche äussere Anlässe. Worin liegt der Unterschied? Schreiben Sie zwei bis drei vollständige Sätze.

Interessengruppen

A17 Ordnen Sie den folgenden Aussagen die politischen Grundhaltungen «liberal», «links», «rechts», «konservativ» zu.

Aussage	Politische Grundhaltung
Die Militärausgaben sollten um die Hälfte gestrichen werden, um die AHV-Ausgaben zu sichern.	
Der Staat soll möglichst wenig in die Wirtschaft eingreifen, die reguliert sich von selber.	
Für die Bewahrung unserer Neutralität braucht es eine gut gerüstete Armee.	
Eine Mitbestimmung der Arbeitnehmenden würde vielen Betrieben gar nicht schaden.	
Asylsuchende müssen zu Zwangsarbeit ohne Lohn verpflichtet werden.	

A18 Vergleichen Sie die folgenden zwei Smartspider und beschreiben Sie, welche Haltung die Parteien zu den verschiedenen Bereichen einnehmen.

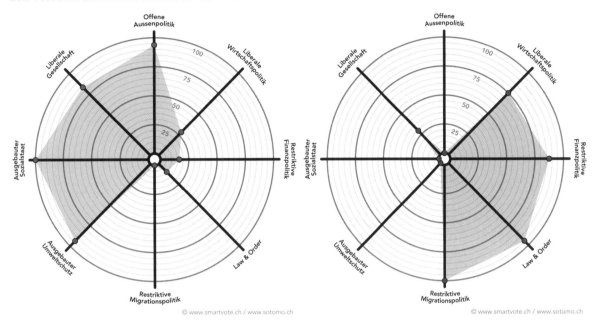

A19 Ordnen Sie jedem Stichwort mindestens zwei Interessenverbände/Organisationen zu.

Stichwort	Verband/Organisation
Verkehr	
Wohnen	
Umwelt	
Menschenrechte	

Gewaltenteilung

A20 Entscheiden Sie, zu welcher der drei Gewalten die Ämter/Funktionen gehören.

Amt/Funktion	Legislative	Exekutive	Judikative
Bundesgericht	☐	☐	☐
Gemeinderat	☐	☐	☐
Gesetze erlassen	☐	☐	☐
Friedensrichter	☐	☐	☐
Gemeindeversammlung	☐	☐	☐
Bundesrat	☐	☐	☐
Gesetze ausführen	☐	☐	☐
Ständerat	☐	☐	☐
Kantonsrat	☐	☐	☐
Kantonsgericht	☐	☐	☐

A21 Welcher Begriff passt zu welchem Gericht? Setzen Sie Pfeile ein.

Gericht	Begriff
	Strafprozess
	Privatperson gegen Privatperson
	Wurden Gesetze durch Behörden missachtet?
Zivilgericht	Diebstahl
	Wer ist im Recht, wer im Unrecht?
	Verwaltungsprozess
Strafgericht	Zivilgesetzbuch, Obligationenrecht
	Privatperson gegen Staat
	Schuldig – unschuldig?
	Strassenverkehrsgesetz
Verwaltungsgericht	Staat gegen Privatperson
	Ehescheidung
	Falscher Steuerentscheid der Behörde
	Zivilprozess

Entstehung eines Gesetzes

A22 Setzen Sie die Stationen im Gesetzgebungsprozess mit den Ziffern 1 bis 8 in die richtige Reihenfolge.

	Volksabstimmung, wenn das Referendum ergriffen wurde
	Vernehmlassung in Kantonen, bei Parteien, Verbänden usw.
	Inkrafttreten des Gesetzes
	Behandlung im National- und Ständerat
	Anstoss durch Bundesrat oder Parlament
	Veröffentlichung mit Referendumsfrist
	Vorentwurf durch Fachleute in einer Expertenkommission
	Definitiver Entwurf mit Botschaft ans Parlament

Die wichtigsten Aufgaben eines Staates

A23 Ordnen Sie den folgenden Aussagen den passenden Aufgabenbereich (ökologisch, politisch, sozial, wirtschaftlich) zu.

Aussage	Aufgabenbereich
Der Staat schützt die Freiheit und die Rechte des Volkes.	
Der Staat fördert die Wohlfahrt und nachhaltige Entwicklung.	
Der Staat sorgt für möglichst grosse Chancengleichheit.	
Der Staat sorgt für die Erhaltung der natürlichen Lebensgrundlagen.	

Finanzierung der Staatstätigkeit

A24 Direkte oder indirekte Steuer? Setzen Sie Pfeile ein. Verbinden Sie jedes Steuerbeispiel mit der passenden Besteuerungsform.

Besteuerungsform	Steuerbeispiel
	Motorfahrzeugsteuer
Direkte Steuer	Verrechnungssteuer
	Vermögenssteuer
	Tabaksteuer
Indirekte Steuer	Einkommenssteuer
	Alkoholsteuer

A25 Welches Ziel verfolgt die Steuerprogression?

☐	Ausgleich der Steuererträge zwischen wirtschaftlich ungleich starken Gemeinden
☐	Verkleinerung der Steuerbelastung auf lebensnotwendigen Gütern
☐	Entlastung des wirtschaftlich schwächeren auf Kosten des wirtschaftlich stärkeren Steuerzahlers
☐	Anpassung des Steuersatzes an die Teuerung

A26 Welche Aussage ist richtig?
Kapitalerträge (Zinsen) werden in der Steuererklärung ...

☐	als Vermögen eingesetzt.
☐	als Einkommen eingesetzt.

A27 Setzen Sie in diesem vereinfachten Schema einer Steuererklärung die richtigen Begriffe ein.

Einkommen	**Vermögen**
+	+
+	+
+ anderes	+
–	+ evtl. anderes
–	–
–	–
– anderes	– evtl. anderes
= Steuerbares Einkommen	= Steuerbares Vermögen

Wissen anwenden

Hinweis: Die Antworten zu den Fragen, die mit einem Ja oder Nein beantwortet werden können, müssen Sie begründen.

W1 Welches sind Ihrer Meinung nach wichtige Jahreszahlen in der Geschichte der Schweiz? Wählen Sie aus und begründen Sie Ihre Wahl.

W2 1848 wurde die Schweiz zu einem liberalen Bundesstaat umgestaltet.
Wer wehrte sich dagegen?
Welche Auswirkungen hatte diese Umgestaltung für die Schweiz?

W3 1918 wurde ein landesweiter Generalstreik ausgerufen.
Welche Forderungen stellten die Streikenden?

W4 Die Regierungsform der Schweiz wird als halbdirekte Demokratie bezeichnet. Sie ist also eine Mischform von direkter und repräsentativer Demokratie.
Beschreiben Sie diese Mischform mithilfe von Beispielen.

W5 Unsere Grundrechte sind in der schweizerischen Bundesverfassung festgehalten.
Suchen Sie in der BV neben den erwähnten noch weitere Grundrechte.

W6 Beschaffen Sie sich die Allgemeine Erklärung der Menschenrechte.
Welche dieser Menschenrechte sind Ihrer Meinung nach absolut notwendig, auf welche könnten Sie verzichten?

W7 Bei der Ausgestaltung der Gesetze im Parlament drohen unzufriedene Kreise vielfach schon vor der Schlussabstimmung mit dem Referendum.
Warum reicht diese Drohung teilweise bereits aus, damit einzelne Gesetzestexte abgeändert werden?

W8 Initiativen auf Bundesebene verlangen eine Änderung der Bundesverfassung. Inhaltlich sind diesen Volksbegehren wenig Grenzen gesetzt.
Welche Problematiken entstehen daraus?

W9 Die Parteien unterscheiden sich in ihren politischen Grundhaltungen. Formulieren Sie zu folgenden Stichworten eine eher rechtskonservative und eine eher linksliberale Meinung:
a) Gesetzlich vorgeschriebene Mindestlöhne gegen Lohndumping
b) Kauf von neuen Kampfflugzeugen
c) Beitritt der Schweiz zur EU

	Rechts-konservativ	Links-liberal
a)		
b)		
c)		

W10 Der Wähleranteil der verschiedenen Parteien im Nationalrat hat sich in den vergangenen 40 Jahren markant verändert.
Kommentieren Sie den Verlauf für die fünf grössten Parteien.

W11 Besorgen Sie sich via E-Mail Werbematerial einer Partei, eines Verbandes oder einer NGO. Stellen Sie diese Partei, diesen Verband oder diese NGO mit deren Werthaltungen auf einem Plakat dar.

W12 Arbeitnehmerverbände und Arbeitgeberverbände haben unterschiedliche Interessen.
Wie heisst der Arbeitnehmerverband, wie der Arbeitgeberverband in Ihrer Branche?
Wie vertritt der Arbeitnehmerverband (die Gewerkschaft) Ihre Interessen?

W13 Auch die Kantone sind nach dem Prinzip der Gewaltenteilung organisiert.
Beschreiben Sie die einzelnen Gewalten Ihres Wohnkantons möglichst genau.

Legislative:

Exekutive:

Judikative:

W14 Die Massenmedien werden als die vierte Gewalt in einem Staat bezeichnet.
Wie können Massenmedien die politische Meinungsbildung beeinflussen?
Welche Gefahr besteht dabei?

W15 Das Parlament besteht aus zwei Räten.
Welche Bedeutung hat der Ständerat?

W16 Verschiedene Institutionen und Interessengruppen können Einfluss auf den Gesetzgebungsprozess nehmen.
Beschreiben Sie, wie deren Einfluss jeweils aussieht:
a) Bundesrat

b) Parteien

c) Verbände

d) Kantone

e) Volk

W17 Im ganzen Kapitel wird der Begriff «der Staat» verwendet.
Was ist für Sie «der Staat»? Welche Aufgaben sollte ein Staat Ihrer Meinung nach übernehmen, wo sollte er sich raushalten?

W18 Es gibt politische Kreise, welche die direkte Steuer abschaffen und dafür die Mehrwertsteuer erhöhen wollen.
Welche Bevölkerungsgruppen würden dabei verlieren?

W19 Unter den Kantonen herrscht Steuerwettbewerb. Um zahlungskräftige Steuerzahler anzulocken, suchen einzelne Kantone speziell für diese Einkommensklasse günstige Steuersysteme (z. B. nicht mehr progressive, sondern lineare Steuersätze («Einheitssteuersatz»).
Welche Auswirkungen hat diese Art von Steuerwettbewerb für die Schweiz? Wer kann davon profitieren, wer nicht?

W20 In der heutigen Zeit ist es möglich, die Steuererklärung online auszufüllen.
Füllen Sie unter Anleitung der Lehrperson eine Steuererklärung online aus. Beachten Sie dabei, welche Auswirkungen Veränderungen bei den Abzügen auf den Steuerbetrag haben.

Kreuzworträtsel

X1

Verwenden Sie die Umlaute Ä, Ö und Ü.

Waagrecht
7. Partei mit den meisten Sitzen im Nationalrat (Abkürzung)
9. Hat 200 Mitglieder
11. Repräsentiert die Kantone
12. Richterliche Behörde
13. Sitzung des Parlaments
19. Gesetzesreferendum (2 Worte)
22. Es wird zwischen aktivem und passivem unterschieden
23. Recht, zu einer Suchvorlage Ja oder Nein sagen zu dürfen

Senkrecht
1. Die Mehrheit der Stimmen ist ausschlaggebend (2 Worte)
2. Arbeitnehmerverband
3. Wird vor allem bei Parlamentswahlen angewendet
4. Volk und Stände müssen Ja sagen (2 Worte)
5. Benötigt 100000 Unterschriften innerhalb von 18 Monaten
6. Eine der politischen Grundhaltungen
8. Kantone, Parteien, Verbände können Stellung zu einem Gesetzesentwurf nehmen
10. Die Staatsgewalt ist in der Hand eines Einzelnen
14. Fand 1918 in der Schweiz statt
15. Die Regierung
16. Staatsform der Schweiz seit 1848
17. Mehrheitswahl
18. Recht auf Leben ist ein ...
20. Setzt Recht, macht Gesetze
21. Eigenständigkeit der Kantone

Lernaufgabe

Meine eigene Partei gründen

L1 Ausgangslage
Damit man in einer Demokratie die eigenen Interessen durchsetzen kann, ist es wichtig, sich mit Gleichgesinnten zusammenzuschliessen. Dies ist der Grund, wieso Menschen sich sogenannten Interessengruppen (Parteien und Verbände) anschliessen. Indem Sie sich gemeinsam für Ihre Interessen engagieren, können Sie die Politik beeinflussen.

Lernziele
Sie wissen, welche politischen Parteien Ihre Interessen vertreten.

Auftrag
Gründen Sie zu dritt eine eigene Partei. Vergleichen Sie die Inhalte verschiedener, bereits bestehender Parteien und stellen sie daraus ein eigenes Parteiprogramm gemäss Ihren Interessen auf.

Produkt
Eigenes Parteiprogramm, Kurzpräsentation vor der Klasse

Vorgehen
1. Suchen Sie online Parteiprogramme verschiedener Parteien.
2. Vergleichen Sie die Inhalte mit den Interessen Ihrer Gruppenmitglieder.
3. Stellen Sie auf Grund Ihrer Recherchen ein eigenes Parteiprogramm zusammen.
4. Stellen Sie der Klasse Ihre Partei vor.

Arbeitsaufträge
1. Suchen Sie im Internet zu dritt nach Parteiprogrammen von mindestens zwei verschiedenen Parteien.
2. Nehmen Sie diese Parteiprogramme genauer unter die Lupe. Welche Inhalte entsprechen Ihren Vorstellungen? Welche Interessen teilen Sie im Team nicht?
3. Stellen Sie mithilfe Ihrer gemeinsamen Überlegungen ein eigenes Parteiprogramm zusammen. Begründen Sie Ihre politischen Inhalte.
4. Geben Sie Ihrer Partei einen geeigneten Namen.
5. Stellen Sie der Klasse Ihre Partei kurz vor.

Kapitel 6
Globale Herausforderungen

Das weiss ich jetzt!	140
Aufgaben	144
Wissen anwenden	151
Kreuzworträtsel	155
Lernaufgabe	156

Das weiss ich jetzt!

6.1 Was heisst «global»?

6.2 Wie ist die Zunahme des grenzüberschreitenden Warenhandels zu erklären?

6.3 a) Welche Bevölkerungszahl deckt jeder der vier weltweit grössten Handelsblöcke ab?

b) Welche Bevölkerungszahl deckt die EFTA ab?

6.4 Welche Vorteile hat der Produktionsstandort Schweiz gegenüber anderen Ländern?

6.5 Wie wichtig ist der internationale Handel für die Schweiz?

6.6 Welches sind die wichtigsten Import- und Exportgüter der Schweiz?

6.7 Wie bedeutend ist die EU für die schweizerische Wirtschaft?

6.8 Weshalb tauchte die Idee eines gemeinsamen Europas nach den Weltkriegen wieder auf?

6.9 Warum scheiterte die Pan-Europa-Bewegung nach dem Ersten Weltkrieg?

6.10 Warum unterstützten die USA nach dem Zweiten Weltkrieg die europäische Bewegung?

6.11 Was war das Ziel des Schuman-Plans?

6.12 Welches sind die Gründungsländer der EWG?

6.13 Welche Neuerungen sind mit dem Vertrag von Maastricht dazu gekommen?

6.14 Warum wird die EU als supranationale Organisation bezeichnet?

6.15 a) Wie heisst das oberste Gremium der EU und wer sind die Mitglieder?

b) Was wird in diesem Gremium beschlossen?

6.16 Wer kümmert sich um Verkehrsfragen?

6.17 a) Wie setzt sich das Parlament zusammen?

b) Wie lange dauert eine Amtszeit?

c) Worin unterscheidet sich das Europäische Parlament vom Schweizer Parlament?

6.18 Welche Funktion (Gewalt) haben die Kommissare der Europäischen Kommission?

6.19 Warum lehnte der Bundesrat in den 1950er-Jahren eine europäische Integration ab?

6.20 Welche Gründe führten dazu, dass die Schweiz 1960 der EFTA beigetreten war?

6.21 a) Warum kam es 1992 zur EWR-Abstimmung?

b) Wie ging die Abstimmung aus?

6.22 Welchen Inhalt hat das Dossier «Personenfreizügigkeit»?

6.23 Welche Vor- und Nachteile ergeben sich für Schweizer Firmen aus dem Dossier «Öffentliches Beschaffungswesen»?

6.24 Welchen Vorteil bringt das Dubliner Abkommen der Schweiz?

6.25 Warum setzen Menschen ihr Leben aufs Spiel, um von Afrika nach Europa zu gelangen?

6.26 Wo liegt das Problem der Entwicklungsländer?

6.27 Was könnten die Industrieländer ändern, um die Kluft zwischen Arm und Reich zu verringern?

6.28 Welches sind die Ihrer Meinung nach wichtigsten Millenniumsziele?

Kapitel 6 | Globale Herausforderungen

6.29 Mit welchen Mitteln hilft die Schweiz den hilfebedürftigen Ländern?

6.30 Worin unterscheidet sich der Europarat von der Europäischen Union?

6.31 Welche Länder sind im Europarat vertreten?

6.32 Welche Aufgabe hat der Europäische Gerichtshof für Menschenrechte?

6.33 Was ist das Besondere an der UNO?

6.34 Was will die WTO erreichen?

6.35 Wie ist die Schweiz mit der NATO verbunden?

6.36 Was sind die Haupttätigkeitsfelder von Amnesty International?

6.37 Wie hilft das IKRK?

6.38 Was ist dem WWF und Greenpeace wichtig?

6.39 Was ist das Ziel der jährlichen G7-Gipfel?

Aufgaben

Globalisierung

A1 Die Globalisierung der Wirtschaft hat sich in den letzten Jahren beschleunigt. Besonders eindrücklich sieht man dies an der Zunahme des grenzüberschreitenden Warenhandels. Worauf ist dies zurückzuführen? Kreuzen Sie die richtigen Aussagen an.

- ☐ Die Transportmöglichkeiten sind schneller und billiger geworden.
- ☐ Die Einführung von neuen Zöllen erleichtert den Handel.
- ☐ Die Waren werden dort hergestellt, wo es am billigsten ist.
- ☐ Für die Schweiz hat der Import und Export eine geringe Bedeutung.

A2 Notieren Sie zu jedem Bereich der Globalisierung ein praktisches Beispiel.

Bereich	Beispiel
Globalisierung der Wirtschaft	
Globalisierung der Finanzmärkte	
Globalisierung der Politik	
Globalisierung der Kultur	
Globalisierung der Umwelt	

A3 Welche beiden Hauptziele verfolgen globale Handelsblöcke, wie z. B. die USMCA oder die EU?

1.

2.

Kapitel 6 | Globale Herausforderungen

A4 Warum ist die Schweiz eines der am stärksten globalisierten Länder der Welt? Verwenden Sie für Ihre Erklärung die Begriffe *Importe, Exporte, BIP, Banken, Produkte, Dienstleistungen* und *Wohlstand*. Schreiben Sie vollständige Sätze.

A5 Welche Aussagen zum Handelspartner Schweiz sind richtig, welche falsch?

Aussage	richtig	falsch
Die Schweiz treibt am meisten Handel mit den USA.	☐	☐
Aus Deutschland führt die Schweiz rund 30% der Importe ein.	☐	☐
Rund 50% der Exporte führt die Schweiz in die Europäische Union aus.	☐	☐
Aus China importieren wir doppelt so viel, wie wir exportieren.	☐	☐
Pro Tag setzt der Handel mit der EU eine Milliarde Franken um.	☐	☐
Deutschland ist der grösste Exportpartner der Schweiz.	☐	☐

Die Europäische Union (EU)

A6 Setzen Sie im folgenden Text die passenden Begriffe in die Lücken.
Schuman, Frankreich, geeinten, Montanunion, Waffen, gemeinsamen, Heirats, Benelux, Kriege, Frieden, Deutschland, Nationalismus, Europa, friedlich, Kohle, Wohlstand, Monarchien, Stahl

Die Idee eines _____ Europas gibt es schon lange. Die einen versuchten es mit _____-Gewalt, die anderen mit _____-Politik. _____ und _____ verhinderten aber über Jahrzehnte ein geeintes _____. Nach Hungersnöten, Tod und Zerstörung und dem Untergang der meisten _____ kam die Idee eines _____ vereinten Europas wieder auf. Man wollte dauerhaften _____ und damit den _____ in Europa sichern. Der _____-Plan sah vor, dass die Produktion von _____ und _____ nach dem Zweiten Weltkrieg einer _____ Behörde aus verschiedenen Ländern unterstellt werden soll. Die ewigen Gegner _____ und _____, aber auch Italien und die _____-Länder unterzeichneten 1952 die Gründungsakte der Europäischen Gemeinschaft für Kohle und Stahl – auch _____ genannt.

A7 Welche Aussagen zur Europäischen Union sind richtig, welche falsch?

Aussage	richtig	falsch
Die Römer Verträge wurden nur von den Italienern unterzeichnet.	☐	☐
Mit dem Euratom-Vertrag wollte man die zivile Nutzung der Kernenergie erforschen und den nuklearen Frieden sichern.	☐	☐
Griechenland ist als zehntes Mitglied seit mehr als 30 Jahren in der EU.	☐	☐
Ziel der EU war ein Binnenmarkt mit freiem Waren- und Dienstleistungsverkehr.	☐	☐
Im Vertrag von Maastricht beschloss man die Wirtschafts- und Währungsunion mit dem Euro als gemeinsamer Währung.	☐	☐
Nur Dänemark tauschte seine Währung nicht gegen den Euro.	☐	☐
Das Europaparlament vertritt heute fast 450 Millionen Einwohner.	☐	☐

A8 Ordnen Sie die Funktionen den entsprechenden Organen zu.

Funktion	Europäischer Rat	Europäische Kommission	Ministerrat	Europäisches Parlament
Sie verabschieden die Ausgaben des EU-Budgets.	☐	☐	☐	☐
Die Fachminister der Länder beschliessen über die Aussen-, Sicherheits- und Steuerpolitik (mit oder ohne Parlament).	☐	☐	☐	☐
Sie überwachen die Einhaltung der Gesetze.	☐	☐	☐	☐
Sie setzen EU-Programme um.	☐	☐	☐	☐
Der Ratspräsident und die Staats- und Regierungschefs legen politische Leitlinien fest.	☐	☐	☐	☐
Die Abgeordneten beschliessen mit dem Rat EU-Gesetze.	☐	☐	☐	☐
Die Kommissare (einer/eine pro Land) unterbreiten Vorschläge für das Gemeinschaftsrecht.	☐	☐	☐	☐

A9 Kreuzen Sie an, ob folgende Aussagen zu den Organen der EU richtig oder falsch sind. Korrigieren Sie die falschen Aussagen.

Aussage	richtig	falsch	Korrektur
Das Europäische Parlament macht die Gesetze der EU.	☐	☐	
Das höchste Organ der EU ist die Kommission.	☐	☐	
Die Mitglieder des Europäischen Parlaments werden jeweils für vier Jahre gewählt.	☐	☐	
Der EU-Ministerrat hat nur Vorschlagsrecht und keine Entscheidungskompetenzen.	☐	☐	
Der Europäische Rat setzt die Leitlinien innerhalb der EU.	☐	☐	

Die Schweiz innerhalb Europas

A10 Setzen Sie im folgenden Text die richtigen Begriffe in die Lücken.

Bundesrat (2x), Westeuropa, Neutralität, Gesuch, Weltkriegen, Brüssel, Verpflichtungen, Beitritt, EFTA, Solidarität, Handelsschranken, EU, Landwirtschaft, Beitrittsverhandlungen, Europäischen Union, Bevölkerung, politische, Stimmvolk, Länder, ablehnend

Geprägt von den zwei _____ hatte die Schweiz in den 1950er-Jahren mit dem übrigen _____ ein Gefühl der _____ und Gemeinschaft. Der _____ stand aber der _____ gegenüber. Hauptgründe waren die _____ und zu weit reichende politische _____.

Auch die schweizerische _____ änderte ihre Haltung. Als Gegengewicht zur EU unterzeichnete die Schweiz mit einigen anderen europäischen Ländern die Freihandelsassoziation _____ mit dem Ziel, _____ abzubauen. Davon war aber die _____ ausgenommen und die _____ Handlungsfreiheit der einzelnen _____ blieb – anders als in der _____ – gewahrt.

Erst in den 1990er-Jahren änderte der _____ seine Meinung und stellte bei der EU ein _____ um _____. Das Schweizer _____ lehnte aber 1992 einen _____ knapp ab. Seither ist das Gesuch in «schubladisiert».

A11 Erläutern Sie in vollständigen Sätzen, warum die Schweiz mit der EU bilaterale Verträge abgeschlossen hat. Nennen Sie dabei einen dieser Verträge und erklären Sie dessen Ziel.

A12 Ordnen Sie die Inhalte den einzelnen Dossiers der Bilateralen I zu.

Inhalte	Freier Personenverkehr	Transitverkehr	Luftverkehr	Öffentliches Beschaffungswesen
Die EU akzeptiert die LSVA für den alpenquerenden Transit.	☐	☐	☐	☐
Ich kann überall in der EU arbeiten und leben, wenn ich eine Stelle habe.	☐	☐	☐	☐
Millionenaufträge der öffentlichen Hand müssen im gesamten EU-Raum ausgeschrieben werden.	☐	☐	☐	☐
Für die SWISS gibt es keine Lande- und Startbeschränkungen innerhalb des EU-Raums.	☐	☐	☐	☐

Wohlstand und Armut

A13 Beschreiben Sie in vollständigen Sätzen a) ein wirtschaftliches Merkmal, b) ein politisches Merkmal von Entwicklungsländern und c) eine Folge daraus für die Bevölkerung.

a)

b)

c)

A14 Könnte sich die Schweiz aus der Entwicklungshilfe zurückziehen? Begründen Sie Ihre Antwort mithilfe der Bundesverfassung.

A15 Beschreiben Sie den Begriff «Hilfe zur Selbsthilfe» in vollständigen Sätzen und anhand eines praktischen Beispiels.

Internationale Organisationen

A16 Ordnen Sie die Ziele den entsprechenden Regierungsorganisationen zu.

Ziel	UNO	NATO	WTO
Abbau von Zöllen	☐	☐	☐
Einhaltung des Völkerrechts	☐	☐	☐
Faire Spielregeln im Welthandel	☐	☐	☐
Förderung der internationalen Zusammenarbeit	☐	☐	☐
Militärische Konfliktverhütung	☐	☐	☐
Sicherung des Weltfriedens	☐	☐	☐
Freier Welthandel	☐	☐	☐
Militärische Krisenbewältigung	☐	☐	☐
Abbau von Handelshemmnissen	☐	☐	☐
Schutz der Menschenrechte	☐	☐	☐

A17 Ordnen Sie die Ziele den entsprechenden Nichtregierungsorganisationen zu.

Ziel	IKRK	WWF	Amnesty International	Greenpeace
Schutz von Tieren	☐	☐	☐	☐
Bekämpfung von Menschenrechtsverletzungen	☐	☐	☐	☐
Menschliches Leiden verhüten und lindern	☐	☐	☐	☐
Natur- und Umweltschutz	☐	☐	☐	☐
Hilfe für politische Gefangene	☐	☐	☐	☐

Wissen anwenden

Hinweis: Die Antworten zu den Fragen, die mit einem Ja oder Nein beantwortet werden können, müssen Sie begründen.

W1 Der Abbau von Handelsschranken – insbesondere die Senkung der Zölle – ist eine wichtige Voraussetzung für einen florierenden Welthandel.
Erklären Sie, warum das so ist.

W2 Dank globalen Welthandels ist der Wohlstand vielerorts gestiegen. Die Globalisierung birgt aber auch grosse Risiken, wie uns die Immobilienkrise in den USA und die daraus entstandene weltweite Wirtschaftskrise deutlich vor Augen geführt haben.
Beschreiben Sie zwei mögliche Gefahren der Globalisierung für die Schweiz.

W3 Die Globalisierung kennt nicht nur Gewinner, es gibt auch Verlierer und etliche Schattenseiten dieses weltweiten Handels.
Wer gehört zu den Gewinnern, wer zu den Verlierern?
Welche Schattenseiten gibt es?
Beantworten Sie die Fragen anhand von konkreten Beispielen.

Gewinner:

Verlierer:

Schattenseiten der Globalisierung:

W4 Obwohl die Schweiz klein ist und kaum über eigene Rohstoffe verfügt, belegt sie mit ihren 8,9 Millionen Einwohnerinnen und Einwohnern bezüglich Welthandel Rang 18, knapp hinter Indien, das über 1,4 Milliarden Menschen zählt.
Nennen Sie wichtige Handelsprodukte, welche die Schweiz exportiert.

W5 Der wichtigste Handelspartner der Schweiz ist die Europäische Union. Begründen Sie, warum das so ist.

W6 Die Europäische Wirtschaftsgemeinschaft EWG, welche 1957 in Rom gegründet wurde, sollte den Wohlstand aller beteiligten Länder fördern.
a) Welche Massnahmen sah der Vertrag vor?

b) Beschreiben Sie die wirtschaftlichen Vorteile für die Beteiligten.

W7 Der bilaterale Vertrag zur Personenfreizügigkeit regelt, dass Schweizer Bürgerinnen und Bürger in allen EU-Staaten wohnen und arbeiten können. Umgekehrt gilt dies auch für Menschen aus der EU. Beschreiben Sie, welche beruflichen Möglichkeiten sich aufgrund der Personenfreizügigkeit zukünftig für Sie ergeben könnten.

W8 Unsere Handelspolitik mit Agrarprodukten behindert die Entwicklung der Drittweltländer. Was müsste die Schweiz auf diesem Gebiet verändern, um die Entwicklung dieser Länder voranzutreiben? Welche Auswirkungen hätte das für unsere Landwirtschaft?

Kreuzworträtsel

X1

Waagrecht
4. Vertragswerke zwischen der Schweiz und der EU (2 Worte)
6. Anderer Name für die EGKS
7. Personen dürfen sich in allen Mitgliedstaaten frei niederlassen und arbeiten
9. Abkommen, welches die Grenzkontrollen zwischen den Mitgliedstaaten abschafft (Stadt)
10. Wirtschaftlich freier Markt innerhalb der EU
11. Weltmacht, welche 1991 auseinanderbrach
14. Abkürzung für Europäischer Wirtschaftsraum
17. Organ der EU, welches aus den jeweils 27 Fachministern besteht
19. Abkommen zur Behandlung von Asylgesuchen (Stadt)
20. Deutscher Diktator des 20. Jahrhunderts
21. Name für 3 Gründerländer der EU
22. Weltweit

Senkrecht
1. Import
2. Ausfuhr
3. Abkürzung für Europäische Wirtschaftsgemeinschaft
5. Organ der EU mit 705 Abgeordneten (2 Worte)
8. Organ der EU, in dem sich die 27 Staats- und Regierungschefs treffen (2 Worte)
12. Französischer Aussenminister, der als Gründervater der heutigen EU gilt
13. Überstaatlich
15. Abkürzung für Europäische Freihandelsassoziation
16. Wird beim freien Güterverkehr abgeschafft (Mehrzahl)
18. Europäische Währung

Verwenden Sie die Umlaute Ä, Ö und Ü.

Lernaufgabe

Auswirkung der Globalisierung

L1 Ausgangslage
Die Welt, in der wir leben rückt immer näher zusammen. Was bedeutet dies genau? Und vor allem, was hat dies für Auswirkungen auf unser Leben?

Lernziele
Sie können aufzeigen, welche ökologischen, ökonomischen oder sozialen Auswirkungen die Globalisierung auf unser Leben hat.

Auftrag
Zeigen Sie in einem Dreier- oder Viererteam exemplarisch auf, welche Auswirkungen die Globalisierung in einem der folgenden Bereiche (Gesellschaft, Ökologie, Ökonomie) hat. Präsentieren Sie Ihr Ergebnis der Klasse.

Produkt
Kurzpräsentation vor der Klasse

Vorgehen
1. Bilden Sie Dreier- oder Vierergruppen.
2. Erarbeiten der Inhalte.
3. Kurzpräsentation vorbereiten.

Arbeitsaufträge
1. Überlegen Sie sich in Ihrem Team ein gutes Beispiel, an welchem Sie die ökologischen, ökonomischen und oder sozialen Auswirkungen der Globalisierung gut aufzeigen können.
2. Versuchen Sie Ihr Beispiel möglichst gut und originell zu präsentieren. Überlegen Sie sich, welche Form der Präsentation (PPP, Prezi, Video, Rollenspiel …) sich am besten eignet.
3. Bereiten Sie Ihre Präsentation vor.

Kapitel 7
Partnerschaft und Gesellschaft

Das weiss ich jetzt!	158
Aufgaben	163
Wissen anwenden	168
Kreuzworträtsel	174
Lernaufgabe	175

Das weiss ich jetzt!

7.1 Wann hat die Schweiz den Frauen das Stimm- und Wahlrecht zugestanden?

7.2 Warum hat der Kanton Appenzell Innerrhoden 1990 das Frauenstimm- und -wahlrecht eingeführt?

7.3 Was ist der Grundgedanke im heutigen Familienrecht?

7.4 Was bedeutet der Begriff «Konkubinat»?

7.5 Welche gesetzlichen Vorschriften gelten beim Konkubinat?

7.6 Zählen Sie je zwei Vor- und Nachteile des Konkubinats auf.

7.7 Welche Inhaltspunkte sollten in einem Konkubinatsvertrag geregelt werden?

7.8 Welche Bedeutung hat eine Verlobung?

7.9 Können sich nicht volljährige Personen verloben?

7.10 Welche Folgen kann die Auflösung eines Verlöbnisses haben?

7.11 Zählen Sie zwei Ehehindernisse auf.

7.12 Welches sind die Wirkungen der Ehe in Bezug auf den Familiennamen?

7.13 Wer ist zuständig für den Unterhalt der Familie?

Kapitel 7 | Partnerschaft und Gesellschaft

7.14 Weshalb hat der Ehepartner, der den Haushalt führt, Anrecht auf einen Betrag zur freien Verfügung?

7.15 Wie beurteilen Sie die Auskunftspflicht? (ZGB 170)

7.16 Wie entsteht das Kindesverhältnis zwischen Mutter/Vater und Kind?

7.17 Wie lange haben die Eltern für die Ausbildungskosten eines Kindes aufzukommen?

7.18 Wer hat in der Ehe das elterliche Sorgerecht?

7.19 Wie ist das elterliche Sorgerecht geregelt, wenn die Eltern nicht miteinander verheiratet sind?

7.20 Kann ein 17-Jähriger von zu Hause ausziehen?

7.21 Worauf sollten die Eltern bei der Berufswahl ihres Kindes achten?

7.22 Wer verfügt über Ihren Lernendenlohn?

7.23 Wie beurteilen Sie den Sachverhalt, dass Ihre Eltern, sofern Sie bei ihnen wohnen, von Ihnen einen angemessenen Beitrag an die Haushaltskosten verlangen können?

7.24 Welche möglichen Scheidungsformen gibt es?

7.25 Welche möglichen Folgen kann eine Scheidung haben?

7.26 Was sind Vor- bzw. Nachteile einer Trennung?

7.27 Was regelt die Errungenschaftsbeteiligung?

7.28 Was ist der Unterschied zwischen Eigengut und Errungenschaft?

7.29 Wie wird das Familienvermögen bei einer Auflösung der Ehe geteilt?

7.30 Was passiert mit den Schulden?

7.31 Wer kann ein Testament hinterlassen?

7.32 Was bezweckt man mit einem Testament?

7.33 Welches ist die sicherste Art, den letzten Willen zu bekunden?

7.34 Wer sind die gesetzlichen Erben?

7.35 Wie kann der Erblasser gesetzliche Erben auf den Pflichtteil setzen?

7.36 Was kann der Erblasser mit der frei verfügbaren Quote machen?

7.37 Wann kann ich eine Erbschaft ausschlagen?

7.38 Wie sieht die Bevölkerungsentwicklung weltweit bis ins Jahr 2050 aus?

Kapitel 7 | Partnerschaft und Gesellschaft

7.39 Was bedeutet «Ersatzniveau von 2,1 Kindern pro Frau»?

7.40 Welche gegenwärtigen globalen Herausforderungen und Probleme müssen angegangen werden?

7.41 Was ist der Unterschied zwischen Push- und Pull-Faktoren im Zusammenhang mit der Migration?

7.42 Wie heissen die grossen Zielgebiete der weltweiten Migration?

7.43 Was bedeutet «Migration erzeugt weitere Migration»?

7.44 Warum gehört die Schweiz zu den Staaten mit dem höchsten Anteil an Ausländerinnen und Ausländern?

7.45 Wie hat sich die Schweizer Bevölkerung im letzten Jahrhundert entwickelt?

7.46 Warum «überaltert» unsere Gesellschaft?

7.47 Welches waren die Gründe für die Auswanderung von Schweizerinnen und Schweizern im 19. Jahrhundert?

7.48 Wie viele Schweizerinnen und Schweizer leben im Ausland?

7.49 Welches sind die beiden Hauptgründe, wieso ausländische Personen in die Schweiz einwandern?

7.50 Welches sind die wichtigsten Herkunftsländer der ausländischen Bevölkerung?

7.51 Warum hat sich die Schweiz lange Zeit nicht um die Integration der Ausländer gekümmert?

7.52 Was ist das Ziel der Arbeitsmarktpolitik?

7.53 Was bedeutet «duales System» in der Arbeitsmarktpolitik?

7.54 Welche Aufenthaltsbewilligung bekommt eine Ausländerin, die eine Arbeitsstelle in der Schweiz gefunden hat?

7.55 Wann kann ein Ausländer eine Niederlassungsbewilligung beantragen?

7.56 Aus welchem Grund bekommt man in der Schweiz Asyl?

7.57 Was sind «vorläufig Aufgenommene»? Warum schickt man sie nicht zurück in ihr Heimatland?

7.58 Wie lange muss man in der Schweiz wohnhaft sein, um einen Antrag auf Einbürgerung stellen zu können?

Aufgaben

Zusammenleben

A1 Entscheiden Sie, welche Aussagen auf das Zusammenleben in der Ehe, welche auf das Leben im Konkubinat zutreffen.

Aussage	Ehe	Konkubinat
Gründung und Auflösung ohne Formalitäten	☐	☐
Einsparung bei Steuern	☐	☐
Bei Tod des Partners gesetzliche Erbansprüche	☐	☐
Anspruch auf zwei ganze Altersrenten	☐	☐

A2 Kreuzen Sie an, ob folgende Aussagen zur Ehe richtig oder falsch sind. Korrigieren Sie die falschen Aussagen.

Aussage	richtig	falsch	Korrektur
Ein Verlöbnis muss schriftlich abgeschlossen werden.	☐	☐	
Das Verlöbnis stellt einen Vertrag dar.	☐	☐	
Bei Auflösung des Verlöbnisses können Gelegenheitsgeschenke zurückgefordert werden.	☐	☐	
Ehefähig ist, wer rechtsfähig ist.	☐	☐	
Bigamie ist ein Ehehindernis.	☐	☐	

Aussage	richtig	falsch	Korrektur
Wenn ein Brautpaar in der Kirche heiratet, muss nicht zivil getraut werden.	☐	☐	
Die zivile Trauung findet vor einem Standesbeamten und zwei handlungsfähigen Zeugen statt.	☐	☐	
Die Ehegatten schulden einander Treue und Beistand.	☐	☐	
Die Rollen in der Ehe sind klar aufgeteilt: die Frau bleibt zu Hause, der Mann ist erwerbstätig.	☐	☐	
Die Braut bekommt automatisch den Namen des Bräutigams.	☐	☐	

A3 Wie lange unterstehen die Kinder der elterlichen Sorge?

- ☐ Bis sie urteilsfähig sind.
- ☐ Bis die Ausbildung abgeschlossen ist.
- ☐ Solange sie noch nicht volljährig sind.
- ☐ Solange sie bei den Eltern wohnen.

A4 Entscheiden Sie, ob die Aussagen richtig oder falsch sind.

Aussage	richtig	falsch
Eine Frau kann ohne Bewilligung ihres Mannes nicht berufstätig sein.	☐	☐
Die Eltern eines drogensüchtigen 35-jährigen Mannes können unter Umständen verpflichtet werden, ihn finanziell zu unterstützen.	☐	☐
Die Kündigung der Familienwohnung durch einen der Ehepartner ist gültig.	☐	☐
Die 17-jährige Tochter kann sich ohne Einwilligung der Eltern eine eigene Wohnung mieten, wenn sie die Miete selber bezahlen kann.	☐	☐

A5 Das ZGB kennt drei Güterstände. Ordnen Sie die Aussagen den Güterständen zu.

Aussage	Gütertrennung	Errungenschaftsbeteiligung	Gütergemeinschaft
Gesetzlicher Güterstand	☐	☐	☐
Ehevertrag notwendig	☐	☐	☐
Ordentlicher Güterstand	☐	☐	☐
Gilt, wenn nichts anderes vereinbart	☐	☐	☐
Grösster Teil des Ehevermögens gemeinsam	☐	☐	☐
Kein gemeinsames Vermögen	☐	☐	☐
Meist verwendeter Güterstand	☐	☐	☐

A6 Albert Berger und Claudia Dähler sind verheiratet. Sofern Albert und Claudia keinen Ehevertrag abgeschlossen haben, wird ihr Vermögen nach dem ordentlichen gesetzlichen Güterstand der Errungenschaftsbeteiligung aufgeteilt.
Was sind laut Gesetz Errungenschaft und Eigengut? Schlagen Sie im ZGB (ZGB 196–220) nach und fassen Sie die Punkte zusammen.

Errungenschaft	Eigengut

A7 Entscheiden Sie, ob die Aussagen richtig oder falsch sind.

Aussage	richtig	falsch
Ausgezahlte Renten (AHV/PK) sind Errungenschaft.	☐	☐
Erbschaften werden der Errungenschaft zugerechnet.	☐	☐
Zinsen des eingebrachten Vermögens bleiben Eigengut.	☐	☐
Was man in die Ehe mitbringt, bleibt Eigengut.	☐	☐

A8 Bei der Eheschliessung hat Albert Berger Ersparnisse von Fr. 20000.- und seine Partnerin Claudia Dähler solche von Fr. 30000.-. Weil Claudia kurz nach der Heirat schwanger wird, kündigt sie ihre Stelle als Floristin. Albert, der als Ingenieur einen hohen Lohn erzielt, kann im Verlauf der Jahre weitere Fr. 50000.- sparen. Claudia erbt von ihrem Vater Fr. 100000.-. Sie legt dieses Geld an und erzielt im Verlauf der Jahre einen Zinsertrag von Fr. 20000.-. Drei Jahre nach der Heirat erleidet Claudia einen schweren Verkehrsunfall, der entstellende Narben im Gesicht und bleibende Gesundheitsschäden am rechten Bein zur Folge hat. Sie erhält von der Versicherung deshalb ein Schmerzensgeld von Fr. 30000.-. Zehn Jahre nach der Heirat stirbt Albert. Neben Claudia hinterlässt er zwei Kinder. Stellen Sie die güterrechtliche Situation in der unten stehenden Tabelle dar.

Vermögen Claudia				Hinterlassenschaft Albert			
Eigengut		Errungenschaft		Eigengut		Errungenschaft	
Stichwort	Betrag (Fr.)	Stichwort	Betrag (Fr.)	Stichwort	Betrag (Fr.)	Stichwort	Betrag (Fr.)
Total Eigengut		Total Errungenschaft		Total Eigengut		Total Errungenschaft	
Total nach Aufteilung			+ +	Total nach Aufteilung			+ +

A9 Berechnen Sie die gesetzlichen Erbansprüche in den folgenden Fällen.
× = Erblasser, / = Vorverstorben

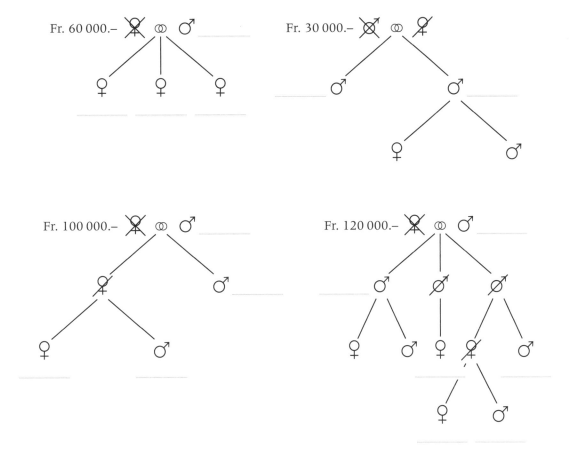

Menschen in Bewegung

A10 Es gibt viele Gründe, warum Menschen ihr Heimatland verlassen. Verbinden Sie die verschiedenen Gründe mit dem passenden Faktor.

Faktor	Branche/Beruf
	Hohes Lohnniveau
Push-Faktoren	Überschwemmungen
	Verfolgung wegen politischer Überzeugung
	Gute Ausbildungsmöglichkeiten
Pull-Faktoren	Sichere politische Situation
	Mangel an Zukunftsperspektiven

Wissen anwenden

Hinweis: Die Antworten zu den Fragen, die mit einem Ja oder Nein beantwortet werden können, müssen Sie begründen.

W1 Barbara und Armin leben seit Jahren zusammen, ohne je ans Heiraten oder an Kinder gedacht zu haben. Nun machen sie sich Gedanken über ihre Zukunft und wollen ihre Beziehung rechtlich regeln.
Welche gesetzlichen Grundlagen können sie zur Regelung heranziehen?
Welche Bereiche sollten sie regeln?
Wie sollte dies geschehen?

W2 Esther und Rolf sind seit zwei Jahren verlobt. Nun beschliessen sie zu heiraten. Die beiden beginnen umgehend mit den Vorbereitungen zu den Hochzeitsfeierlichkeiten.
Während Esther sich mit der Gästeliste, der Wahl der Hochzeitskleider und der Eheringe beschäftigt, sucht Rolf einen geeigneten Saal für die Feier und organisiert eine Hochzeitsreise. Drei Wochen vor dem Hochzeitstermin sagt Rolf die Hochzeit ab, weil er sich in eine andere Frau verliebt hat.
Kann Esther ihrem untreuen Rolf für den Kauf der Eheringe Rechnung stellen?

W3 Nadja und Markus sind verheiratet. Nadja hat kürzlich an ihrem Wohnort einen Traumjob in einem Reisebüro gefunden. Nun eröffnet ihr Markus, dass er im 100 km entfernten Basel eine Stelle antreten könnte, bei welcher er fast das Doppelte seines bisherigen Gehaltes verdienen würde.
Kann Markus darauf beharren, dass sie nach Basel ziehen? Muss Nadja auf ihren Traumjob verzichten?

W4 Walter gibt seiner Frau Angela im Monat Fr. 1200.– Haushaltsgeld. Für die vierköpfige Familie reicht dieser Betrag jedoch selten. Schon mehrmals hat Angela von Walter vergeblich verlangt, dass er das Haushaltsgeld erhöhen soll. Walter ist der Meinung, das liege bei seinem bescheidenen Lohn nicht drin. Wie viel er genau verdient, verschweigt er Angela aber hartnäckig.
Handelt Walter korrekt?

W5 Die 17-jährige Lernende Jasmin lernt für einen Vortrag in der Berufsfachschule die Lehre Buddhas kennen. Sie ist davon begeistert. Eines Tages eröffnet sie ihren erstaunten Eltern, dass sie aus der katholischen Kirche austreten und zum Buddhismus wechseln werde. Die Eltern drohen ihr mit dem Rauswurf aus dem Elternhaus.
Darf Jasmin aus der Kirche austreten?
Können Eltern ihre Kinder aus dem Elternhaus ausschliessen?

W6 Sebastian und Graziella sind seit acht Jahren verheiratet. Beide sind erwerbstätig und haben sich im Verlaufe ihrer gemeinsamen Ehejahre auseinandergelebt. Im gegenseitigen Einvernehmen beantragen sie die Scheidung. Sebastian hat Bargeld im Wert von Fr. 400000.– und Graziella Gegenstände im Wert von Fr. 80000.– in die Ehe eingebracht. Von seinen Eltern hat Sebastian Fr. 300000.– geerbt. Seinen Ersparnissen kann er aus geleisteter Arbeit Fr. 60000.– hinzufügen. Graziella hat Fr. 150000.– aus geleisteter Arbeit gespart.
Wie sieht die güterrechtliche Auseinandersetzung aus?

W7 Niklaus und Elisabeth heiraten. Zu diesem Zeitpunkt verfügt Niklaus über persönliche Gegenstände im Wert von Fr. 60 000.– und Elisabeth über solche von Fr. 70 000.–. Das Vermögen von Niklaus beträgt Fr. 80 000.–, dasjenige von Elisabeth Fr. 90 000.– Nach vier Jahren wird die Ehe geschieden. In der Zwischenzeit ist das Vermögen von Elisabeth aus Kapitalerträgen um Fr. 30 000.– angewachsen. Das Vermögen von Niklaus hat um Fr. 25 000.– zugenommen.
Wie sieht die güterrechtliche Auseinandersetzung aus?

W8 Das Eigengut von Thomas betrug bei der Eheschliessung Fr. 15 000.–. Seine Frau Edith wies zum gleichen Zeitpunkt Eigengut in der Höhe von Fr. 12 000.– aus. Die Errungenschaft von Thomas beläuft sich auf Fr. 35 000.– und die von Edith auf Fr. 40 000.–. Thomas stirbt.
Wie viel erbt ihre Tochter Isabel?

W9 Die Weltbevölkerung wird voraussichtlich bis ins Jahr 2050 auf über 10 Milliarden anwachsen. Dieses Wachstum findet fast ausschliesslich in den Entwicklungsländern statt.
Beschreiben Sie mögliche globale Auswirkungen dieses Bevölkerungswachstums.

W10 Mehr als 280 Millionen Menschen halten sich gegenwärtig fern ihrer Heimat auf. Eines der Zielgebiete der weltweiten Migration ist Europa.
Beschreiben Sie, was die Schweiz (Europa) tun könnte, damit es weltweit weniger Migrantinnen und Migranten gibt.

W11 Die Alterspyramide der Schweiz ist durch Überalterung geprägt (siehe Lehrmittel, S. 301). Wie sieht die Alterspyramide eines Entwicklungslandes aus? Welche Unterschiede bestehen zur Schweiz?

	Alter	
Männer	80 + 75–79 70–74 65–69 60–64 55–59 50–54 45–49 40–44 35–39 30–34 25–29 20–24 15–19 10–14 5–9 0–4	Frauen

8 7 6 5 4 3 2 1 0   0 1 2 3 4 5 6 7 8

Bevölkerung (in Millionen)

W12 Es gibt zwei völlig unterschiedliche Wege, in der Schweiz eine Aufenthaltsbewilligung zu erhalten. Der eine Weg hat mit der Arbeitsmarktpolitik zu tun, der andere mit der Asylpolitik.
Beantworten Sie in der unten stehenden Tabelle die Fragen.

	Arbeitsmarktpolitik	**Asylpolitik**
Welche internationalen Abkommen sind betroffen?		
Was wird bei der Einreise geprüft?		
Wie viele Ausländerinnen und Ausländer sind betroffen?		

W13 Die Schweiz tut sich schwer mit einbürgerungswilligen Menschen.

a) Zeigen Sie auf, was es braucht, um als Ausländerinnen oder Ausländer ein Einbürgerungsgesuch stellen zu können.

b) Kommentieren Sie diese Kriterien aus Ihrer Sicht.

Kreuzworträtsel

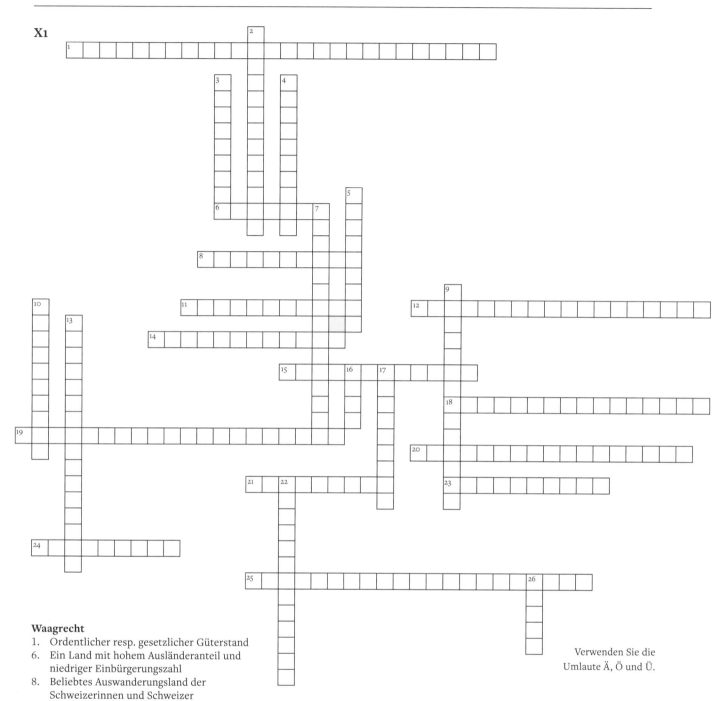

Verwenden Sie die Umlaute Ä, Ö und Ü.

Waagrecht
1. Ordentlicher resp. gesetzlicher Güterstand
6. Ein Land mit hohem Ausländeranteil und niedriger Einbürgerungszahl
8. Beliebtes Auswanderungsland der Schweizerinnen und Schweizer
11. Werden auch zum Eigengut gerechnet
12. Ein wesentlicher Artikel in der Bundesverfassung
14. Verfahren, das einen Ausländer einem Schweizer Bürger rechtlich gleichstellt
15. Resultat aus abnehmenden Geburtenzahlen und zunehmender Lebenserwartung
18. Schulden sich die Eheleute nach ZGB 159
19. Regelt die Beziehung gleichgeschlechtlicher Paare seit 2007
20. Die Partner sind sich nicht einig, ob sie zusammenbleiben wollen oder nicht
21. Ein- und Auswanderung von Menschen
23. Darüber kann der Erblasser frei bestimmen (2 Worte)
24. Ein möglicher Pull-Faktor
25. Abkommen darüber, dass CH- und EU-Bürger im EU-Raum und in der Schweiz arbeiten und wohnen können, wo sie wollen

Senkrecht
2. Wichtiges Mittel zur Integration: Beherrschung der ...
3. Gegenseitiges Heiratsversprechen ohne Formvorschrift
4. Grundsätzlich erben die ...
5. Eine der Herausforderungen aufgrund der Weltbevölkerungsentwicklung
7. Zuständiges Amt für eine rechtlich wirksame Trauung
9. Ein Ehehindernis
10. Ehe ohne Trauschein
13. Geforderte Offenheit in einer Ehe in finanziellen Fragen
16. Gewährt die Schweiz, wenn eine Rückschaffung eines Flüchtlings unzumutbar ist
17. Damit kann man bestimmen, wer nach seinem Ableben was erhält
22. Ein Güterstand, der einen Ehevertrag voraussetzt
26. Ein möglicher Push-Faktor

Lernaufgabe

Interview

L1 Ausgangslage
In unserer Gesellschaft gibt es viele verschiedene Lebensformen. Manche Menschen wohnen mit ihrem Partner zusammen, ohne verheiratet zu sein.

Lernziele
Sie können ein aussagekräftiges Interview führen.

Auftrag
Führen Sie ein Interview zum Thema Konkubinat/Ehe. Befragen Sie dazu eine Kollegin oder einen Kollegen zu ihren oder seinen Meinungen zu den verschiedenen Lebensformen.

Produkt
Schriftliches Interview

Vorgehen
1. Sie arbeiten zu zweit.
2. Lesen Sie die Arbeitsaufträge genau durch und klären Sie Fragen mit der Lehrperson.
3. Halten Sie Ihr Interview schriftlich fest.

Arbeitsaufträge
1. Überlegen Sich gute Interviewfragen zu Konkubinat und Ehe, ordnen Sie die Fragen sinnvoll.
2. Führen Sie das Interview durch, und nehmen Sie das Interview mit Ihrem Smartphone auf.
3. Halten Sie die Fragen und Antworten schriftlich fest.

Kapitel 8
Berufliche Zukunft planen

Das weiss ich jetzt!	178
Aufgaben	183
Wissen anwenden	190
Kreuzworträtsel	196
Lernaufgabe	197

Das weiss ich jetzt!

8.1 Wie finden Sie freie Stellen?

8.2 Was gehört zu einem vollständigen Bewerbungsdossier?

8.3 Was ist normalerweise Inhalt eines Lebenslaufs?

8.4 Wo finden Sie gesetzliche Bestimmungen zum Einzelarbeitsvertrag?

8.5 In welchem Gesetz finden Sie die Pflichten der Arbeitnehmenden?

8.6 Welche Vertragsform gilt für den Einzelarbeitsvertrag?

8.7 Zählen Sie vier Pflichten der Arbeitnehmenden auf.

8.8 Erklären Sie die Treuepflicht.

8.9 Wann dürfen Sie keinen bezahlten Nebentätigkeiten nachgehen?

8.10 Was sind Überstunden?

8.11 Wann ist eine Arbeitnehmende verpflichtet, Überstunden zu leisten?

Kapitel 8 | Berufliche Zukunft planen

8.12 Mit wie viel Prozent Lohnzuschlag müssen Überstunden mindestens entschädigt werden?

8.13 Zählen Sie vier Pflichten der Arbeitgebenden auf.

8.14 Was sind Spesen?

8.15 Auf wie viele Ferienwochen hat eine 22-Jährige Anrecht?

8.16 Wer bestimmt den Zeitpunkt der Ferien?

8.17 Weshalb dürfen Ferien nicht durch Geldleistungen abgegolten werden?

8.18 Nennen Sie die Unterschiede zwischen einem Arbeitszeugnis und einer Arbeitsbestätigung.

8.19 Welche ordentlichen Kündigungsfristen gelten?

8.20 Dürfen Kündigungsfristen im Einzelarbeitsvertrag abgeändert werden?

8.21 Welche Formvorschrift gilt für Kündigungen?

8.22 Wann muss das Kündigungsschreiben spätestens im Besitz des Empfängers sein?

8.23 Was passiert mit einer Kündigung, die eine zu kurze Kündigungsfrist aufweist?

8.24 Zählen Sie zwei Beispiele für missbräuchliche Kündigungen auf.

8.25 Welche Folgen hat eine missbräuchliche Kündigung für eine Arbeitnehmerin?

8.26 Was ist eine Sperrfrist?

8.27 Nennen Sie die Sperrfristen bei Militärdienst und bei Krankheit oder Unfall.

8.28 Welches sind die Folgen einer Kündigung, bei der die Kündigungsfrist in die Sperrfrist fällt?

8.29 Nennen Sie zwei wichtige Gründe des Arbeitgebers für eine fristlose Auflösung des Arbeitsverhältnisses.

8.30 Welche Folgen hat das Nichtantreten einer Stelle für den Arbeitnehmer?

8.31 Was ist Überzeit?

8.32 Aus welchen Gründen darf Überzeit angeordnet werden?

8.33 Wie hoch ist der prozentuale Lohnzuschlag für Nacht- bzw. Sonntagsarbeit?

8.34 Wer hilft Ihnen bei Streitigkeiten am Arbeitsplatz?

Kapitel 8 | Berufliche Zukunft planen

8.35 Was gilt bei Arbeitsstreitigkeiten in Bezug auf die Gerichtskosten?

8.36 Wie heissen die Vertragspartner bei einem Gesamtarbeitsvertrag?

8.37 Nennen Sie Unterschiede zwischen einem Einzelarbeitsvertrag und einem Gesamtarbeitsvertrag.

8.38 Wann darf ein Einzelarbeitsvertrag abweichende Bestimmungen zu einem Gesamtarbeitsvertrag aufweisen?

8.39 Wann gilt ein Gesamtarbeitsvertrag obligatorisch für alle Arbeitnehmenden und Arbeitgebenden einer bestimmten Berufsgruppe?

8.40 Welche Bedeutung hat der Gesamtarbeitsvertrag für die Sozialpartner?

8.41 Das Ziel der Invalidenversicherung ist die «Wiedereingliederung in die Arbeitswelt vor Rente». Beschreiben Sie zwei mögliche Massnahmen, bevor die Versicherung eine Rente auszahlt.

8.42 Die Arbeitslosenversicherung zahlt nicht nur bei Arbeitslosigkeit. Nennen Sie zwei zusätzliche Situationen.

8.43 In welchen Situationen zahlt die Erwerbsersatzordnung?

8.44 Erklären Sie das Drei-Säulen-Konzept in eigenen Worten.

8.45 Wie wird die AHV finanziert?

8.46 Welches Ziel wird mit der zweiten Säule angestrebt?

8.47 Was verstehen Sie unter «Kapitaldeckungsverfahren» bei der Pensionskasse?

8.48 Was ist die Säule 3a?

8.49 Was ist der Unterschied zwischen einer Todesfallrisikoversicherung und einer gemischten Lebensversicherung?

8.50 Welches sind die vier gebräuchlichsten Rechtsformen für Unternehmen?

8.51 Beschreiben Sie die Haftung eines Einzelunternehmers.

8.52 Worüber gibt ein Betriebsorganigramm Auskunft?

8.53 Nennen und erklären Sie drei wichtige organisatorische Grundsätze.

Aufgaben

Berufliche Zukunft

A1 Zeichnen Sie im Schema mögliche «Wege» der Weiterbildung von links nach rechts ein.

Eidgenössisches Berufsattest EBA	Berufsmaturität	Eidg. Berufs- und höhere Fachprüfungen
		Höhere Fachschulen
Eidgenössisches Fähigkeitszeugnis EFZ		Fachhochschulen
Schulen Sek II	Gymnasiale Maturität	Universitäten/ETH

A2 Sie stellen für eine Blindbewerbung ein Dossier zusammen, das ein Bewerbungsschreiben, einen Lebenslauf, ein Arbeitszeugnis und eventuell weitere Beilagen enthält. Welche Elemente gehören in den Lebenslauf?

Rechtliche Grundlagen des Arbeitsvertrags

A3 In welchen Gesetzen findet man Bestimmungen zum Arbeitsvertrag?

- ☐ Zivilgesetzbuch
- ☐ Obligationenrecht
- ☐ Arbeitsgesetz
- ☐ Bundesverfassung

Einzelarbeitsvertrag (EAV)

A4 Suchen Sie im OR nach gesetzlichen Bestimmungen zum Lohn. Nennen Sie drei Artikel und halten Sie stichwortartig fest, was das Gesetz verlangt.

Gesetz/Artikel	Inhalt Artikel

A5 Suchen Sie im ArG nach gesetzlichen Bestimmungen zu Pausen und Ruhezeit. Nennen Sie den Artikel und halten Sie stichwortartig fest, was das Gesetz vorschreibt.

Gesetz/Artikel	Inhalt Artikel

A6 Arbeitsverträge müssen nicht schriftlich abgeschlossen werden, es gibt jedoch die sogenannte Informationspflicht. Schlagen Sie im OR den Artikel 330b (OR 330b) nach und beschreiben Sie den Inhalt in eigenen Worten.

Kapitel 8 | Berufliche Zukunft planen

A7 Entscheiden Sie, ob die Aussagen zum Vertragsinhalt richtig oder falsch sind.

Aussage	richtig	falsch
Unbefristete Arbeitsverhältnisse haben keine Probezeit.	☐	☐
Wenn ich einen Schaden im Betrieb anrichte, übernimmt meine Privathaftpflichtversicherung die Kosten.	☐	☐
Meine Treuepflicht endet in jedem Fall mit der Vertragsauflösung.	☐	☐
Wenn ich für meine Arbeit Trinkgeld erhalte, darf ich das behalten.	☐	☐
Überstunden sind zu leisten, wenn sie betrieblich notwendig und für den Arbeitnehmer zumutbar sind.	☐	☐
Der Arbeitgeber entscheidet, ob Überstunden mit Freizeit kompensiert oder ausbezahlt werden.	☐	☐
Wenn ich den Betrieb vorzeitig verlasse, habe ich auch keinen Anspruch mehr auf eine Gratifikation.	☐	☐
Wenn ich ein Arztzeugnis vorweisen kann, erhalte ich immer den vollen Lohn.	☐	☐
Für auswärtige Arbeiten kann ich Spesen geltend machen.	☐	☐
Belegt mein Arztzeugnis, dass ich in den Ferien krank war oder einen Unfall hatte, kann ich diese Ferientage nachbeziehen.	☐	☐
Ist eine Arbeitnehmerin längere Zeit arbeitsunfähig, können ihr die Ferien gekürzt werden.	☐	☐
Für die Hochzeit meiner Schwester erhalte ich zwei freie Tage.	☐	☐
Ich kann vom Arbeitgeber jederzeit ein Arbeitszeugnis verlangen.	☐	☐
Der Arbeitgeber kann sich weigern, eine Arbeitsbestätigung auszustellen.	☐	☐

A8 Entscheiden Sie, ob die Aussagen zur Beendigung des Arbeitsvertrags richtig oder falsch sind.

Aussage	richtig	falsch
Jeder Arbeitsvertrag muss gekündigt werden.	☐	☐
Befristete Arbeitsverträge enden ohne Kündigung nach Ablauf der vertraglich abgemachten Zeit.	☐	☐
Kündigungen mit falschen Fristen sind ungültig.	☐	☐
Liegt eine missbräuchliche Kündigung vor, muss ich beim Arbeitgeber innerhalb der Kündigungsfrist schriftlich Einsprache erheben.	☐	☐
Ich habe das Recht auf eine schriftliche Begründung, weshalb mir gekündigt wurde.	☐	☐
Kündigungen sind nach Gesetz «formlos», also auch mündlich gültig.	☐	☐
Im 2. bis 9. Dienstjahr beträgt die Kündigungsfrist drei Monate.	☐	☐
Die Kündigungsfrist läuft ab dem Zeitpunkt der Mitteilung.	☐	☐
Bei den Kündigungsfristen gilt das Datum des Poststempels.	☐	☐
Kaum habe ich die neue Stelle angetreten, bin ich nun schon seit fünf Wochen krank. Jetzt wurde mir gekündigt. Das ist doch missbräuchlich?	☐	☐
Aus dem Zivildienst zurück, erhält Peter nach zwei Wochen die Kündigung, weil er unzuverlässig arbeitet. Hier gilt doch die Sperrfrist?	☐	☐

Aussage	richtig	falsch
Ihr Kollege lässt einige Dinge am Arbeitsplatz mitlaufen und wird dabei erwischt. Er hat eine halbe Stunde Zeit, den Platz zu räumen. Ist die fristlose Auflösung rechtens?	☐	☐
Ihnen wurde ungerechtfertigt fristlos gekündigt. Deshalb erhalten Sie noch während den nächsten sechs Monaten den Lohn weiter.	☐	☐

A9 Welche Aussagen zur Arbeitszeit, Überzeit und Nachtarbeit sind richtig, welche falsch? Notieren Sie zu jeder Antwort das entsprechende Gesetz und den Artikel.

Aussage	richtig	falsch	Gesetz/Artikel
Auch der Weg zur Arbeit gilt als Arbeitszeit.	☐	☐	
Die gesamte Belegschaft arbeitet diese Woche wegen Inventaraufnahmen sechs Stunden länger. Hier spricht man von Überzeit.	☐	☐	
Sie müssen noch dringend etwas erledigen und arbeiten eine Stunde länger im Betrieb. Auch das nennt man Überzeit.	☐	☐	
Nachtarbeit wird mit dem doppelten Lohnzuschlag von Sonntagsarbeit entschädigt.	☐	☐	

A10 Nach langer Arbeitslosigkeit erhält Herr Meyer wieder eine Stelle angeboten. Der Arbeitgeber ist keinem Berufsverband angeschlossen und der allgemeinverbindlich erklärte Gesamtarbeitsvertrag sieht eine Wochenarbeitszeit von 42 Stunden vor. Nennen und verbessern Sie die Mängel der folgenden Bestimmungen seines Arbeitsvertrages. Begründen Sie Ihre Antwort mit dem entsprechenden Gesetz und Artikel.

Bestimmungen Arbeitsvertrag	Verbesserung	Gesetz/Artikel
Probezeit: Sechs Monate		
Wochenarbeitszeit: 45-Stunden-Woche		
Kündigungsfrist nach Probezeit: Ein Monat		
Ferien: Drei Wochen pro Jahr		
Überstunden: Werden wie normale Arbeitszeit entschädigt		

A11 Vergleichen Sie Ihr Arbeitszeitmodell mit einem alternativen Modell, und halten Sie für beide Modelle je zwei Vor- und Nachteile fest.

Mein Arbeitszeitmodell		Alternatives Arbeitszeitmodell	
Vorteile	Nachteile	Vorteile	Nachteile

Gesamtarbeitsvertrag (GAV)

A12 Beschreiben Sie in einem vollständigen Satz, welchen Vorteil Arbeitnehmende von Berufsbranchen mit einem Gesamtarbeitsvertrag gegenüber Arbeitnehmenden mit einem Normalarbeitsvertrag ohne GAV haben.

A13 Welche Aussagen zum Gesamtarbeitsvertrag sind richtig, welche falsch?

Aussage	richtig	falsch
Der GAV wird zwischen Arbeitgeber und Arbeitnehmer abgeschlossen.	☐	☐
Die Bestimmungen des OR sind für den Arbeitnehmer günstiger als die Regelungen in einem GAV.	☐	☐
Der Bundesrat oder der Regierungsrat eines Kantons kann einen GAV für allgemeinverbindlich erklären.	☐	☐
Ein GAV hat keinen Einfluss auf den Arbeitsfrieden in der Schweiz.	☐	☐

A14 Erklären Sie in einem vollständigen Satz, was die «Friedenspflicht» im GAV bedeutet.

Sozialversicherungen

A15 Ordnen Sie die Aussagen den entsprechenden Sozialversicherungen zu.

Aussage	IV	ALV	EO
Sie erbringt Leistungen bei wetterbedingten Arbeitsausfällen.	☐	☐	☐
Sie bezahlt erwerbstätigen Müttern bei Schwangerschaft während 14 Wochen 80% ihres Einkommens.	☐	☐	☐
Ihr Ziel ist die Eingliederung in die Arbeitswelt vor einer Rente.	☐	☐	☐
Sie erbringt nur Leistungen, wenn man schon eine gewisse Zeit gearbeitet hat.	☐	☐	☐
Wer Militär- oder Zivildienst leistet, wird für die Dienstzeit entschädigt.	☐	☐	☐
Sie zahlt maximal 520 Taggelder.	☐	☐	☐

A16 Setzen Sie im folgenden Text die richtigen Begriffe in die Lücken.

Kleinverdiener, Existenz, beruflichen, auszahlen, Lohn, erste Säule, alt, Pensionierung, Kapitaldeckungsverfahren, Millionen, berufliche, dritte, Lohnprozente, zweite, Rente, private, Umlageverfahren, AHV (4x), freie Vorsorge, Pensionskasse, Alter, AHV-Rente, höhere, Erwerbstätigen, gewinnbringend, Pension (2x), Geld, beruflichen Vorsorge, Lebensstandard, Kassen, angesparte, Vermögensbildung, 3a, 3b, 60, freier, steuerfrei, gebundener, Beitragslücken

Die Altersvorsorge ist auf drei Säulen aufgebaut: Die _____ Vorsorge als _____, die _____ Vorsorge als _____ Säule und die _____ Vorsorge als _____ Säule.

Das Ziel der _____ (staatliche Vorsorge) ist die _____ -Sicherung im Alter. Nur wer keine _____ aufweist, erhält nach der _____ eine volle _____. AHV-Renten werden nach dem sogenannten _____ über _____ finanziert. Das Geld der _____ wird zu den Pensionierten umgelagert. Auch wer _____ verdient, erhält im Alter dieselbe _____ wie ein _____.

Auch die Pensionskassenbeiträge der _____ Vorsorge (2. Säule) werden als Prozentpunkte direkt vom _____ abgezogen. Diese Beiträge werden auf einem individuellen Konto einer _____ gutgeschrieben und von dieser _____ verwaltet. Hier spricht man nicht von einem Umlageverfahren, sondern vom _____. Wer gut verdient, hat im _____ eine _____ Pensionsrente, als wer nicht so viel verdient hat.

Zusammen mit der _____ soll die _____ aus der _____ den bisherigen _____ sichern. Diese Renten erhält man, egal wie _____ man wird. Stirbt man frühzeitig, gehen _____ und _____ an den Lebenspartner, die Lebenspartnerin (verheiratet). Bei Alleinstehenden bleibt das _____ in den beiden _____. Wenn man es frühzeitig anmeldet, kann man sich das _____ Geld aus der Pensionskasse auch _____ lassen. Das funktioniert aber bei der _____ nicht!

In der 3. Säule unterscheidet man zwischen _____ und _____ Vorsorge. Was man in die Säule _____ einzahlt, ist _____. Das Geld kann aber, abgesehen von wenigen Ausnahmen, erst ab _____ Jahren wieder bezogen werden. Die Säule _____ lässt jede Form von _____ zu, weshalb sie als _____ bezeichnet wird.

Unternehmensformen und Betriebsorganisation

A17 Ordnen Sie die Merkmale den entsprechenden Unternehmensformen zu.

Merkmal	GmbH	Einzelunternehmung	Kollektivgesellschaft	AG
Mindestkapital Fr. 100 000.–	☐	☐	☐	☐
Besonders geeignet für Kleinunternehmen	☐	☐	☐	☐
Mindestkapital Fr. 20 000.–	☐	☐	☐	☐
Beschränkte Haftung mit dem Gesellschaftsvermögen	☐	☐	☐	☐
Eintrag im Handelsregister erst ab Fr. 100 000.– Jahresumsatz	☐	☐	☐	☐
Unbeschränkte solidarische Haftung	☐	☐	☐	☐
Unternehmer haftet unbeschränkt, inklusive Privatvermögen	☐	☐	☐	☐

A18 Erläutern Sie in einem vollständigen Satz: a) ein typisches Merkmal eines Liniensystems, b) ein typisches Merkmal einer Matrix und c) ein typisches Merkmal von «Lean Production».

a)

b)

c)

Wissen anwenden

Hinweis: Die Antworten zu den Fragen, die mit einem Ja oder Nein beantwortet werden können, müssen Sie begründen.

W1 Daniela Frutiger erhält nach einem erfolgreichen Vorstellungsgespräch ihre erste Stelle als Anlagenführerin bei einem Lebensmittelproduzenten. Voller Stolz zeigt sie Ihnen den soeben erhaltenen Arbeitsvertrag. Der Arbeitsvertrag enthält folgende Abmachungen:
- Arbeitszeit: 48 Stunden pro Woche
- Probezeit: 8 Monate
- Ferien: 2 Wochen pro Jahr
- Kündigungsfrist: 3 Wochen

Welche Abmachungen im vorliegenden Vertrag sind gesetzeswidrig? Korrigieren Sie.

W2 Sandra ist glücklich. Herr Meister, der Personalchef der Firma Keller AG, hat ihr soeben zugesichert, dass sie die neu zu besetzende Stelle im Betrieb erhält. Die beiden haben sich über alle wichtigen Vertragspunkte geeinigt. In vier Wochen tritt Sandra ihre neue Stelle an. Herr Meister wird ihr in den nächsten Tagen noch einen schriftlichen Vertrag zustellen.
Einige Tage später begegnet Sandra zufälligerweise einem ehemaligen Schulkollegen, der mittlerweile eine leitende Funktion innehat. Dieser unterbreitet ihr ein viel besseres Arbeitsangebot.
Kann sie sich die Sache noch anders überlegen?

W3 Der Maler Heinz Borter renoviert im Auftrag seiner Chefin in einem Wohnblock das Treppenhaus. Dabei wird er von drei Mietern gebeten, doch gleich auch ihre Korridore neu zu streichen. Heinz verspricht den drei Mietern, diese Arbeiten nach Feierabend gegen ein Entgelt zu machen. Er benötige dafür die folgenden drei Abende.
Darf Heinz diese Malerarbeiten auf eigene Rechnung ausführen?

Kapitel 8 | Berufliche Zukunft planen

W4 In den vergangenen Monaten musste Kevin wegen eines dringenden Auftrages 40 Überstunden leisten. Seine Vorgesetzte verlangt nun, dass er diese Stunden kompensiert. Kevin möchte sich die Überstunden lieber auszahlen lassen.
Kann er das verlangen?

W5 Silvio Amstutz ist Vater von drei Kindern im schulpflichtigen Alter. Er bewohnt mit seiner Gattin Lara eine Viereinhalb-Zimmer-Wohnung. Als Silvio neben der Steuerrechnung eine sehr hohe Zahnarztrechnung erhält, hat die Familie ein finanzielles Problem. Zudem benötigen die drei Kinder unbedingt neue Schuhe. Silvio verlangt von seinem Arbeitgeber einen Lohnvorschuss.
Hat Silvio Anrecht auf einen Vorschuss?

W6 Antonio Manca hat am 30. April seinen letzten Arbeitstag. Bei der Verabschiedung überreicht ihm der Chef die Lohnabrechnung. Als Antonio die Lohnabrechnung kontrolliert, stellt er mit grossem Erstaunen fest, dass der Chef ihm keinen Anteil am 13. Monatslohn verrechnet hat.
Hat Antonio Anrecht darauf?

W7 Selina hat wegen einer hartnäckigen Mittelohrentzündung im letzten Monat drei Wochen am Arbeitsplatz gefehlt. Als sie ihre Lohnabrechnung erhält, stellt sie fest, dass ihr der Arbeitgeber für die erste Woche der Krankheit keinen Lohn und für die restliche Zeit der Erkrankung nur 80 Prozent des üblichen Lohnes als Krankentaggeld bezahlt.
Ist diese Abrechnung korrekt?

W8 Cornelia Dähler kündigt auf Ende September ihre Stelle. Im März hat sie eine Woche Skiferien in Zermatt verbracht, und für den Monat Juni hat sie bereits drei Wochen Ferien auf Sardinien geplant. Nun weiss sie aber nicht, auf wie viele Wochen Ferien sie tatsächlich noch Anrecht hat.
Helfen Sie ihr.

W9 Fabian Kieser hat einen neuen Job gefunden. Er kündigt deshalb unter Einhaltung der zweimonatigen Kündigungsfrist auf Ende September. Weil er sich in einem finanziellen Engpass befindet, will er bis zum Ablauf der Kündigungsfrist arbeiten und sich die zwei Wochen Ferien, die er noch zugute hat, auszahlen lassen.
Kann das Fabian vom Chef verlangen?

W10 Yves Feller absolviert die Unteroffiziersschule. Insgesamt ist er etwas länger als vier Monate im Militär. Als er seine berufliche Tätigkeit wieder aufnimmt, behauptet der Chef, er dürfe ihm wegen dieser langen Abwesenheit den Ferienanspruch von vier Wochen um eine ganze Woche kürzen.
Darf der Arbeitgeber Yves die Ferien kürzen?

W11 Ihre Ferien verbringen Carlo und Claudia auf den Kanarischen Inseln. Am vierten Ferientag liegt Claudia mit Fieber und Schüttelfrösten im Bett. Da es in der näheren Umgebung keinen deutsch sprechenden Arzt gibt und sie sich zu schwach fühlt, das Hotelzimmer zu verlassen, pflegt Carlo sie mit Medikamenten aus der Reiseapotheke. Nach den Ferien verlangt Claudia vom Arbeitgeber, dass er ihr die drei verpassten Ferientage gutschreibt. Dieser verlangt von Claudia Beweise und weigert sich, auf ihre Forderung einzutreten.
Muss Claudia beweisen, dass sie in den Ferien krank war?

Kapitel 8 | Berufliche Zukunft planen

W12 Die Restaurationsfachfrau Fabienne teilt ihrem Chef mit, dass sie drei Wochen Ferien gerne im Juni beziehen möchte, damit sie nicht in der Hochsaison in die Ferien gehen müsse. Ausserdem könne sie in der Vorsaison günstiger reisen. Ihr Chef ist mit ihrem Vorschlag nicht einverstanden und teilt ihr mit, sie könne die drei Wochen im August beziehen, da im Juni Hochbetrieb herrsche.
Muss sich Fabienne mit dieser Antwort zufriedengeben?

W13 Adriana Zeller arbeitet seit sechs Jahren in einer Gärtnerei. Nun schaut sie sich nach einem neuen Job um und verlangt von ihrem Chef ein Zwischenzeugnis.
Ihr Arbeitgeber stellt sich auf den Standpunkt, dass er ihr in den Mitarbeitergesprächen mündlich ihre Leistungen mitgeteilt habe und sie erst bei einem allfälligen Austritt ein Arbeitszeugnis erhalten werde. Nachdem Adriana endlich das Arbeitszeugnis erhalten hat, stellt sie fest, dass die Formulierungen nicht aussagekräftig sind. Sie weiss nicht, ob das Zeugnis verschlüsselt ist.
Wie begründen Sie die Forderung nach dem Zwischenzeugnis? Welchen Rat erteilen Sie Adriana Zeller?

W14 Vanessa Burri heiratet und macht kein Geheimnis daraus, dass sie sich bald Kinder wünsche. Der Arbeitgeber kündigt ihr, weil er Arbeitsausfälle und einen reduzierten Einsatz der Arbeitnehmerin befürchtet.
Ist dies erlaubt?

W15 Sandra Graber arbeitet seit sieben Jahren beim gleichen Arbeitgeber. Am 15. August erleidet Sandra einen schweren Motorradunfall. Am 24. Dezember desselben Jahres erhält Sandra das eingeschriebene Kündigungsschreiben. Als Kündigungstermin wird der 28. Februar des folgenden Jahres angegeben.
Wie beurteilen Sie das Vorgehen des Arbeitgebers?

W16 Urs Kraft arbeitet als Maurer. Er ist bekannt als ein Mensch, der schnell jähzornig und gewalttätig wird. Als ihn der Polier zum wiederholten Male auffordert, etwas schneller und exakter zu arbeiten, kann sich Urs nicht mehr unter Kontrolle halten.
Ohne Vorwarnung prügelt er auf den Polier ein, sodass dieser ins Spital eingeliefert werden muss. Der Chef fackelt nicht lange und kündigt Urs fristlos.
Muss Urs die fristlose Auflösung akzeptieren?

W17 Herr Keller arbeitet seit fünf Jahren in der gleichen Firma. Er kündigt seine Stelle Mitte April. Welche Kündigungsfrist muss Herr Keller einhalten, und wie lautet der Kündigungstermin?

W18 Hans tritt am Montag, 1. Mai, seine neue Stelle an. Bereits am Freitag gefällt es ihm nicht mehr und er kündigt.
Wann endet das Arbeitsverhältnis?

W19 Ursulas Arbeitgeber kündigt nach vier Jahren das Arbeitsverhältnis auf Ende Juli. Am 22. Juli erleidet sie einen Unfall und ist während 90 Tagen arbeitsunfähig.
Welches ist der neue Kündigungstermin?

W20 Peter muss am 5. Juli für drei Wochen ins Militär einrücken. Am 28. Mai erhält er die Kündigung seines Arbeitgebers mit einer Frist von zwei Monaten auf Ende Juli.
Wann endet das Arbeitsverhältnis?

W21 Ein 50-jähriger Bekannter verdient Fr. 80 000.– im Jahr. Er will von Ihnen wissen, wie hoch denn allenfalls seine Vollinvalidenrente sein könnte.
Erläutern Sie ihm die Sachlage.

W22 Aufgrund der Überalterung unserer Gesellschaft spricht man von einem zukünftigen Finanzierungsproblem bei der AHV.
Zeigen Sie drei mögliche Wege auf, wie man dieses Problem in Zukunft lösen könnte.
Beurteilen Sie die gefundenen Lösungen aus Ihrer Sicht.

W23 Fragen Sie in Ihrem Betrieb nach der Betriebsorganisation bzw. der Unternehmensführung und vergleichen Sie Ihre Unterlagen in der Klasse.

Kreuzworträtsel

X1

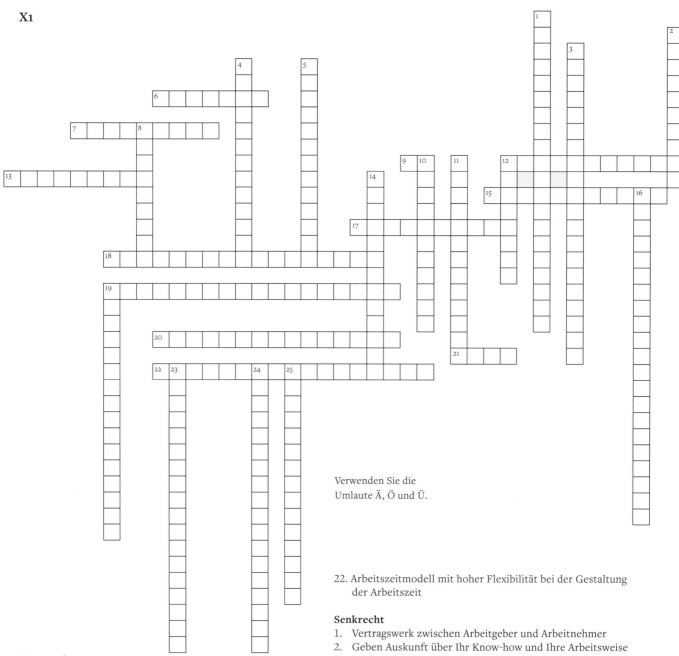

Verwenden Sie die Umlaute Ä, Ö und Ü.

Waagrecht

6. Der Arbeitgeber muss seine Mitarbeitenden vor ... schützen
7. Nach mehr als 3 Monaten Arbeit ist die Lohnfortzahlung auch bei ... gewährleistet
9. Zahlt z. B. bei Militärdienst oder Schwangerschaft bis 80% des versicherten Lohnes (Abkürzung)
12. Zeitspanne, in welcher der Arbeitgeber nicht kündigen darf
13. Zu Beginn eines Arbeitsverhältnisses – dauert maximal 3 Monate
15. Muss meistens ab dem 3. Tag, an dem man fehlt, im Betrieb vorgelegt werden
17. Gehört zu einer Stellenbewerbung
18. Darauf basiert die Altersvorsorge in der Schweiz
19. Damit kommt man im Erlebensfall mehr schlecht als recht über die Runden (2 Worte)
20. Bieten Weiterbildungsmöglichkeiten auf Tertiärstufe an
21. Rechtsform einer Unternehmung mit nur 20 000 Franken Mindestkapital (Abkürzung)
22. Arbeitszeitmodell mit hoher Flexibilität bei der Gestaltung der Arbeitszeit

Senkrecht

1. Vertragswerk zwischen Arbeitgeber und Arbeitnehmer
2. Geben Auskunft über Ihr Know-how und Ihre Arbeitsweise
3. Schliesst eine Arbeitgeberorganisation mit einer Gewerkschaft ab
4. Kasse mit Kapitaldeckungsverfahren (individuelle Rente)
5. Eine Sondervergütung bei gutem Geschäftsgang oder guter Leistung
8. Einer der organisatorischen Grundsätze
10. Zeigt auf, wie sich ein Betrieb organisiert hat
11. Form der Kündigung nach OR (2 Worte)
12. Grund für eine fristlose Kündigung auf Arbeitgeberseite
14. Ein Arbeitsvertrag muss sich an dieses Gesetz halten
16. Bei welcher Versicherung gilt das Prinzip «Eingliederung in die Arbeitswelt vor Rente»
19. Eine Pflicht des Arbeitnehmers zum Umgang mit Geräten und Material
23. Rechtsform einer Unternehmung
24. Gibt Auskunft über Art und Dauer der Beschäftigung
25. Kann man berufsbegleitend oder im Anschluss an die berufliche Grundbildung erlangen

Lernaufgabe

Bewerbungsdossier

L1 Ausgangslage
In wenigen Monaten beenden Sie Ihre Lehre und es beginnt ein neuer Lebensabschnitt. Einige Ihrer Kolleginnen und Kollegen können im Lehrbetrieb bleiben, andere müssen sich auf dem Arbeitsmarkt eine neue Stelle suchen. Wie sieht Ihre berufliche Zukunft aus?

Lernziele
Sie können ein vollständiges und fehlerfreies Bewerbungsdossier erstellen.

Auftrag
Erstellen Sie ein vollständiges Bewerbungsdossier.

Produkt
Bewerbungsdossier (in Word und PDF)

Vorgehen
1. Sie arbeiten allein.
2. Lesen Sie die Arbeitsaufträge genau durch und klären Sie Fragen mit der Lehrperson.
3. Erstellen Sie ein vollständiges Bewerbungsdossier.

Arbeitsaufträge
1. Suchen Sie eine geeignete Arbeitsstelle (im Internet oder in einer Zeitung).
2. Erstellen Sie am PC Ihr persönliches Bewerbungsdossier für die von Ihnen ausgewählte Arbeitsstelle.
3. Das Dossier soll ein grammatikalisch korrektes Bewerbungsschreiben und einen Lebenslauf beinhalten.

Kapitel 9
Selbstständig leben

Das weiss ich jetzt!	200
Aufgaben	203
Wissen anwenden	210
Kreuzworträtsel	213
Lernaufgabe	214

Das weiss ich jetzt!

9.1 Welche Wohnmöglichkeiten haben Sie als Lehrabgänger bzw. Lehrabgängerin?

9.2 Wie und wo können Sie eine Wohnung suchen?

9.3 Was sollte man bei einer Mietbewerbung beachten?

9.4 Zählen Sie vier Tipps auf, die beim Vorbereiten eines Umzuges beachtet werden sollten.

9.5 Welche Formvorschrift gilt für den Mietvertrag?

9.6 Weshalb haben Mieter und Vermieterin ein Interesse an der gemeinsamen Aufnahme eines Antrittsprotokolls?

9.7 Wie hoch darf eine Kaution sein, und welchen Zweck erfüllt sie?

9.8 Zählen Sie vier Beispiele von Nebenkosten auf.

9.9 Welche drei Gründe berechtigen die Vermieterin, die Wohnung zu besichtigen?

Kapitel 9 | Selbstständig leben

9.10 Nennen Sie drei Mängel, welche der Mieter bezahlen muss.

9.11 Welche Rechte haben Sie, falls die Vermieterin einen Mangel nicht beseitigt?

9.12 Woran ist zu denken, wenn Sie in der Wohnung einen Umbau tätigen wollen?

9.13 In welchem Fall kann die Vermieterin Ihnen den Abschluss eines Untermietvertrages verbieten?

9.14 Was müssen Sie bei einem vorzeitigen Auszug tun, damit Sie sich von Ihren mietvertraglichen Verpflichtungen befreien können?

9.15 Welche Formvorschriften gelten bei einer Vermieterkündigung?

9.16 Wann muss die Kündigung spätestens bei der Vermieterin eintreffen?

9.17 Was bewirkt eine Kündigung, welche nicht fristgerecht (zu spät) eingereicht wurde?

9.18 Welche Kündigungsfristen gelten für Wohnungen und möblierte Einzelzimmer?

9.19 Für welche Schäden haften Sie bei der Wohnungsrückgabe?

9.20 Was regelt der Mieterschutz?

9.21 Unter welchen Voraussetzungen ist die Ankündigung einer Mietzinserhöhung rechtswirksam?

9.22 Innert welcher Frist müssen Sie eine Mietzinserhöhung anfechten?

9.23 Nennen Sie zwei Gründe, die zur Anfechtung einer Kündigung berechtigen.

9.24 Welche Umstände verunmöglichen eine Mieterstreckung?

9.25 Wie lange kann ein Mietverhältnis für Wohnungen maximal erstreckt werden?

9.26 Welche Auswirkung hat eine Unterversicherung bei der Hausratversicherung?

Kapitel 9 | Selbstständig leben

Aufgaben

Wohnen

A1 In wenigen Wochen oder Monaten werden Sie einen Arbeitsvertrag unterschreiben und möchten von zu Hause ausziehen.

a) Finden Sie heraus, wie hoch Ihr Lohn nach der Lehre sein wird, damit Sie abschätzen können, wie viel Geld Sie für das Wohnen ausgeben können.

b) Welche Wohnformen würden Ihnen entsprechen? Beschränken Sie sich auf zwei bevorzugte Wohnformen und begründen Sie Ihre Antwort stichwortartig.

Wohnform	Begründung

c) Vergleichen Sie die beiden Wohnformen miteinander. Nennen Sie für jede Wohnform mindestens zwei Vor- und zwei Nachteile.

Wohnform:		Wohnform:	
Vorteile	Nachteile	Vorteile	Nachteile

d) Suchen Sie im Internet oder in der Zeitung nach Wohnungsangeboten, die Ihren Bedürfnissen und Wünschen, aber auch Ihrem Budget entsprechen. Begründen Sie Ihre Auswahl in vollständigen Sätzen.

A2 Beim Einzug in eine neue Wohnung wird in der Regel ein Übernahmeprotokoll erstellt.

a) Was wird eigentlich protokolliert?

b) Wer sollte das machen?

c) Wer unterschreibt und bestätigt damit den Inhalt?

A3 Im Mietvertrag sind Rechte und Pflichten von Vermieter und Mieter nach OR geregelt. Notieren Sie in der Tabelle je zwei Pflichten des Mieters und des Vermieters.

Pflichten des Mieters	Pflichten des Vermieters

A4 Kreuzen Sie an, ob folgende Aussagen zur Miete richtig oder falsch sind. Korrigieren Sie die falschen Aussagen. Geben Sie zudem das entsprechende Gesetz und den Artikel an.

Aussage	richtig	falsch	Korrektur	Gesetz/Artikel
Ein Mietvertrag muss schriftlich sein.	☐	☐		
Der Vermieter kann jederzeit ohne Vorankündigung «seine» Mietwohnungen besichtigen.	☐	☐		
Ein Mietvertrag kann für bewegliche wie für unbewegliche Sachen abgeschlossen werden.	☐	☐		

Aussage	richtig	falsch	Korrektur	Gesetz/Artikel
Der Mieter kann ohne Zustimmung des Vermieters jederzeit Veränderungen vornehmen, sofern sie wertvermehrend sind.	☐	☐		

A5 Wofür haftet der Mieter nicht?

- ☐ Für absichtlich verursachte Schäden.
- ☐ Für Schäden infolge unsorgfältiger Behandlung.
- ☐ Für Schäden infolge normaler Abnützung.
- ☐ Für Schäden, die beim Einzug in die Wohnung schon vorhanden und im Übergabeprotokoll vermerkt waren.

A6 Entscheiden Sie für die einzelnen Situationen, wer für den Mangel aufkommen muss.

Situation	Vermieter	Mieter
Die Toilettenschüssel hat einen Riss.	☐	☐
Die Glühbirne im Eingangsbereich ist defekt.	☐	☐
Die Dichtung am Wasserhahn ist defekt.	☐	☐
Der Backofen heizt nicht mehr auf.	☐	☐
Die Fensterscheibe im Wohnzimmer weist einen Sprung auf.	☐	☐

A7 In einem Miethaus funktioniert das Heizsystem derart schlecht, dass Sie gezwungen sind, zusätzlich mit einem Elektroofen zu heizen.

a) Wer muss für die Reparatur der Heizung aufkommen? Erklären Sie weshalb.

b) Beschreiben Sie stichwortartig drei Möglichkeiten, die Sie als Mieter haben, um auf diese Situation zu reagieren.

c) Nachdem Sie den Vermieter mehrere Male aufgefordert haben, diesen Missstand zu beheben, kündigt Ihnen der Vermieter auf den nächstmöglichen Zeitpunkt. Bei einem Gespräch sagt Ihnen der Vermieter, er könne auf solche Mieter wie Sie verzichten; er finde sicher einen anderen, der nicht so ein «Gfrörli» sei. Warum und wie können Sie sich gegen diese Kündigung wehren?

A8 Suchen Sie im OR die gesetzlichen Bestimmungen zu den aufgeführten Begriffen. Nennen Sie den Artikel und halten Sie stichwortartig fest, was das Gesetz verlangt.

Begriff	Gesetz/Artikel	Inhalt Artikel
Vorzeitiger Auszug		
Kündigung des Mieters		
Kündigung des Vermieters		
Kündigungsfristen		

A9 Ein Freund von Ihnen bringt die Wohnungskündigung am 31. Januar auf die Post. Darin kündigt er seine Wohnung auf den 30. April. Die Kündigungstermine sind jeweils Ende Monat. Der Vermieter erklärt ihm, dass seine Kündigung ungültig sei, weil er sie erst am 1. Februar erhalten habe.

a) Stimmt das? Erklären Sie ihm die rechtliche Situation in vollständigen Sätzen.

b) Ihr Freund hat auf den 1. Mai eine neue Wohnung gemietet. Was hat das für Konsequenzen?

A10 Sie haben vor einem halben Jahr eine 3-Zi-Wohnung gemietet. Inzwischen mussten Sie feststellen, dass die Miete für Ihre finanziellen Verhältnisse doch ein wenig zu hoch ist. Daher trifft es sich gut, dass Ihre Freundin von zu Hause ausziehen will. Sie möchte gerne bei Ihnen einziehen und die Hälfte der Miete übernehmen.

a) Wie heisst im rechtlichen Sinn dieses Mietverhältnis, wenn die Freundin den Mietvertrag nicht unterschreibt?

b) Was müssen Sie als Erstes tun, damit alles seine Richtigkeit hat und sie einziehen kann?

c) Kann der Vermieter den Einzug Ihrer Freundin verhindern? Beurteilen Sie die Rechtslage in einem vollständigen Satz.

A11 Nach fünfjähriger Mietdauer kündigen Sie Ihre Wohnung. Der Vermieter bemängelt bei der Besichtigung Folgendes:
  a) Der bei Einzug neue Spannteppich (Lebensdauer etwa zehn Jahre) weist einige Brandflecken auf.
  b) An verschiedenen Wänden ist durch Verfärbungen erkennbar, wo die Bilder aufgehängt waren; zudem gibt es verschiedene Dübellöcher, welche Sie mit einer entsprechenden Paste zugeklebt haben.

  Er meint nun, dass Sie sowohl einen neuen Spannteppich wie auch das Neustreichen der verschiedenen Wände zu bezahlen haben.

  Erklären Sie in beiden Fällen die rechtliche Situation. Schreiben Sie vollständige Sätze.

  a) Spannteppich:

  b) Wände:

A12 Als Sie müde von der Arbeit nach Hause kommen, teilt Ihnen der Vermieter mündlich mit, dass Sie vom nächsten Monat an Fr. 100.– mehr Miete zu bezahlen haben, weil die Miete seine Aufwendungen nicht mehr deckt.

  a) An welche Bedingungen ist die Ankündigung von Mietzinserhöhungen geknüpft?

  b) Welche Folgen hat diese Mitteilung für Sie?

  c) Nennen Sie zwei Gründe (nach OR), die es einem Vermieter gestatten, den Mietzins zu erhöhen.

A13 Ordnen Sie die folgenden Aussagen den drei Mieterschutzmassnahmen zu.

Aussage	Schutz vor missbräuchlichen Mietzinsen	Anfechtung missbräuchlicher Kündigungen	Erstreckung des Mietverhältnisses
Der Auszug hätte eine Härte zur Folge.	☐	☐	☐
Es wird ein übersetzter Ertrag erzielt.	☐	☐	☐
Kündigung während eines Gerichtsverfahrens mit dem Vermieter.	☐	☐	☐
Mietzinserhöhung mindestens zehn Tage vor Beginn der Kündigungsfrist mitteilen.	☐	☐	☐
Bei Zahlungsverzug nicht möglich.	☐	☐	☐

A14 Pia zieht von zu Hause aus. In Bezug auf Versicherungsfragen ist sie sehr unsicher. Welche Versicherungen soll sie abschliessen, wenn sie eine eigene Wohnung bezieht? Was empfehlen Sie ihr? Begründen Sie Ihre Antwort in vollständigen Sätzen.

Versicherung	Begründung

Wissen anwenden

Hinweis: Die Antworten zu den Fragen, die mit einem Ja oder Nein beantwortet werden können, müssen Sie begründen.

W1 Beat und Regine Fischer haben die Wohnung ihrer Träume gefunden. Obschon der Mietzins monatlich Fr. 2000.– beträgt, wollen sie die Wohnung mieten. Beim Unterzeichnen des Mietvertrages verlangt die Vermieterin von ihnen eine Sicherheit in der Höhe von Fr. 8000.–.
Muss Familie Fischer auf diese Forderung eintreten?

W2 Die 20-jährige Martina Tschanz bewohnt eine Zweizimmerwohnung in einem Mehrfamilienhaus. Abends hört sie oft lautstark die Musik ihrer Lieblingsband. Vergeblich versuchen die Nachbarn, an die Vernunft von Martina zu appellieren. Sie nehmen deshalb Kontakt mit dem Vermieter auf und bitten ihn um Hilfe.
Was kann der Vermieter unternehmen?

W3 Familie Graber lebt seit 14 Jahren in der gleichen Wohnung. Nun schickt die Vermieterin Herrn Graber die Kündigung auf einem amtlich bewilligten Formular unter Einhaltung der gesetzlichen Frist.
Hat die Vermieterin alle gesetzlichen Bestimmungen eingehalten?

W4 Bei Frau Moser funktioniert der Rollladen im Wohnzimmer nicht mehr richtig. Pflichtbewusst meldet sie den Schaden ihrem Vermieter. Dieser reagiert jedoch nicht auf ihre Schadenmeldung. Frau Moser lässt deshalb die Reparatur von einem Handwerker ausführen. Die Rechnung schickt sie dem Vermieter. Der Vermieter ist alles andere als erfreut über den Rechnungsbetrag von Fr. 480.– und weigert sich, die Rechnung zu bezahlen.
Wer muss die Rechnung begleichen?

W5 Da Franz Müller eine neue Arbeitsstelle angeboten wird, muss er seine Dreizimmerwohnung kündigen. Seit Mai 2023 bewohnt er diese Wohnung. Es gelten keine ortsüblichen Kündigungstermine. Mit dem neuen Arbeitgeber vereinbart Franz, dass er die Stelle am 1. September 2024 antreten werde. Er kündigt deshalb seine Wohnung auf den 31. August.
Hält sich Franz Müller an die gesetzlichen Kündigungstermine?

W6 Familie Grünig hat auf eigene Rechnung und ohne das Wissen des Vermieters in ihrer Mietwohnung Wandschränke eingebaut. Bei ihrem Auszug verlangt der Vermieter von der Familie Grünig, dass sie die Wandschränke wieder entfernt.
Muss Familie Grünig die Aufforderung befolgen?

W7 Sie wollen nach der Lehre eine eigene Wohnung mieten. Dazu müssen Versicherungen abgeschlossen werden.
Listen Sie die nötigen Versicherungen auf und ermitteln Sie die Monatsprämien.

W8 Sie veranstalten mit Freunden ein gemütliches Fondue-Essen. Nach einem langen Abend gehen Sie müde ins Bett und vergessen, die Kerze auf dem Wohnzimmertisch zu löschen. In der Nacht brennt das Wohnzimmer aus.
Welche Versicherung übernimmt den Schaden?

W9 Liegt die vereinbarte Versicherungssumme bei einer Hausratversicherung unter dem effektiven Wiederbeschaffungswert, spricht man von Unterversicherung.

a) Beschreiben Sie zwei mögliche Gründe, wie eine Unterversicherung entstehen kann.

b) Wie viel bezahlt die Versicherung in diesem Fall?
   Wert des Mobiliars   Fr. 100 000.–
   Versicherungswert   Fr. 80 000.–
   Schaden   Fr. 60 000.–

Kreuzworträtsel

X1

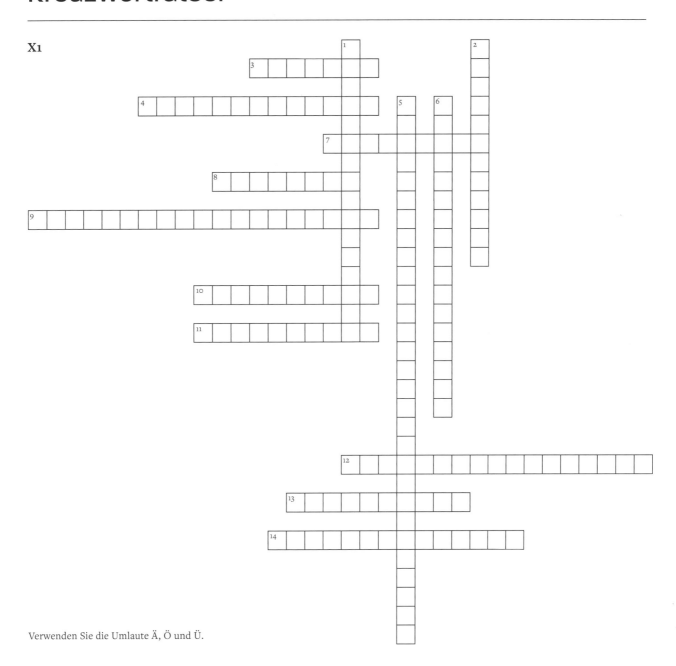

Verwenden Sie die Umlaute Ä, Ö und Ü.

Waagrecht
3. Sicherheit zur Deckung von ausstehenden Mieten oder Schadenersatzforderungen
4. Haftpflichtig werden ohne eigenes Verschulden
7. Muss für die Kündigung ein offizielles Formular verwenden
8. Kündigungsfrist für bewegliche Sachen (2 Worte)
9. Deckt Schäden durch Feuer oder Wasser, Glasbruch und Diebstahl
10. Missbräuchliche Kündigungen sind ...
11. Übliche Kündigungsfrist für Wohnungen (2 Worte)
12. Verhindert, dass ich für Schäden des Vormieters belangt werde
13. Ein Teil eines Mietobjekts wird weiter vermietet
14. Haftung, wenn mehrere Mieter den Vertrag unterzeichnen

Senkrecht
1. Reduziert die Miet- und Nebenkosten für den Einzelnen
2. Enthält vom Bund erlassene Vorschriften gegen Missbräuche im Mietwesen
5. Möglichkeit, verursachte Schäden an Dritten abzusichern
6. Liegt vor, wenn der Hausrat unter dem tatsächlichen Wert versichert ist

Lernaufgabe

Wohnformen im Vergleich, meine Wohnform

L1 Ausgangslage
Die Frage, wie und wo man wohnen soll, ist nicht einfach zu beantworten. Bei der Wohnungswahl ist es deshalb sinnvoll, das breite Angebot auf dem Wohnungsmarkt, die verschiedenen möglichen Wohnformen und die eigenen Bedürfnisse und Möglichkeiten zu berücksichtigen.

Lernziele
Sie können Ihre Bedürfnisse in Bezug aufs Wohnen formulieren und eine geeignete Wohnung finden.

Auftrag
Erarbeiten Sie zu zweit eine Kriterienliste, nach welcher Sie eine Wohnung suchen. Halten Sie Ihre Gedanken und Resultate schriftlich fest. Präsentieren Sie Ihre Ergebnisse der Klasse.

Produkt
Präsentation vor der Klasse

Vorgehen
1. Arbeiten Sie zu zweit.
2. Lesen Sie die Arbeitsaufträge genau durch und klären Sie Fragen.
3. Halten Sie Ihre Antworten schriftlich fest.
4. Präsentieren Sie Ihr Resultat der Klasse.

Arbeitsaufträge
1. Welche Wohnform passt zu Ihnen? Diskutieren Sie im Zweierteam Ihre Vorstellungen. Welche Vor- und Nachteile haben die verschiedenen Wohnformen?
2. Einigen Sie sich auf eine Wohnform.
3. Überlegen Sie sich, welche Anforderungen Sie an Ihre Traumwohnung stellen. Stellen Sie eine Liste mit den wichtigsten Punkten zusammen. Vergleichen Sie diese im Zweierteam, einigen Sie sich auf die fünf wichtigsten Kriterien. Achtung: Machen Sie sich auch Gedanken, wie hoch die finanzielle Belastung sein darf!
4. Suchen Sie nun eine Wohnung im Internet, welche Ihren Kriterien entspricht.
5. Stellen Sie der Klasse Ihre Kriterien und die Wohnung vor.